치킨과 악마

김우 시집

서정시학 시인선 218

서정시학

그래도
죽어도,
세상이 아름다운 이유

오늘밤
한 줄의 시를 쓰기 때문
—「얼음 같은 피는 여전히 붉고」 중에서

서정시학 시인선 218

치킨과 악마

김우 시집

서정시학

시인의 말

상_상하는 우_리들과
정_처없는 우_리들은

경하傾河로 흘러가는
불완전한 영혼들

2024년 바람 깊은 봄
김우

차 례

시인의 말 | 5

1부 믹스드

목마와 아이 | 13
카피·캣 | 15
내림수위 조문 | 17
대식가, 파밧 | 19
믹스드 | 21
열대야 | 25
절망의 손맛 | 27
고독 대 고독 | 29
명품 애벌레의 수양법 | 31
천국의 나비 in 캔버스 | 33
얼음 같은 피는 여전히 붉고 | 35
샐러리맨의 퍼즐 | 37

2부 푸른 실루엣의 생애

에칭 | 41

미우를 만나러 | 43

갯그령 | 45

블랙 카펫을 따라 | 47

월진 | 49

둥근 탄생 | 52

시모토아 | 54

어부의 비늘 | 57

푸른 실루엣의 생애 | 60

한 판 승부 | 63

바람의 손금 | 65

조석예보 | 67

3부 시간을 베고 눕다

흰의 저쪽, 스평의 뿌리는 질기고 | 71
궁금한 이사 | 73
기와의 기억 | 75
상처, 後 | 77
붉은 서정 | 79
여백의 무게 | 81
시간을 베고 눕다 | 83
태평양의 여름을 수선하다 | 85
숭어의 기억 | 87
돌아오지 않는 슬픔의 개수 | 89
고래의 한숨 | 91
써니 사이드 업 | 93

4부 치킨과 악마

산란 | 97

달과 구슬, 택시 운전사 | 99

반질거림을 닦다 | 101

복숭아 | 103

치킨과 악마 | 105

찰칵, B612 | 108

염殮 | 110

스캔, 일가의 내력 | 112

바람 박제 | 114

붉은 독백 | 116

이런 아름다움 들게 하소서 | 118

돌덩이의 기억 | 120

5부 루시드의 시간

계절의 간병인 | 125
색·계 | 127
오늘이 바람처럼 | 129
가을을 마시다 | 131
루시드의 시간 | 133
수은등으로 쏟아지다 | 135
학계 뜨거운 관심이 쏟아졌다 | 138
핫빗 | 142
토막의 정석 | 144
그라나다의 기억을 훑다 | 146
무딘 손, 한 번 더 | 148
2022년 12월 12일자로 해촉합니다 | 150
해설 | 서정의 회복을 향한 거대한 항해 | 이병철 | 152

1부

목마와 아이

- 어릴 적, 골목이나 담벼락 아래엔 목마가 있었죠

신문지 위에 솔잎 가루를 넣어 돌- 돌-
누가 먼저? 가위! 바위! 보!
장난기 어린 손끝으로 성냥을 긋는다
목마는 빠르게 달리고 여전히 우리보다 앞서 달리고
행여 데이면 어떡하나 조심스럽게 참새 부리 같은 입을 갖다 댄다
쿨럭, 왜 이런 걸 빨고 그러지?
거대했던 어른들이 처음으로 불쌍하게 보인 날이다

- 누군가 골목이나 담벼락 아래에서 그렇게 목마를 탔죠

금연 이후 우울할 때면 생담배를 무는 버릇이 생겼다
흡입된 호흡에는 연기가 되지 못한 한 움큼 미완이 살아있다
수천 개 꽈리에 달라붙는 수만 가지 시뮬레이션, 혹시나 하는 의문들
목마와 질식사는 다른 종족이지만 할로윈데이 축제의 가면을 쓰면

공유되기도 한다 그날도,
사람이 목마를 타고 목마가 사람을 타고 사람이 사람을 타고

- 골목이나 담벼락 아래에선 여전히 목마를 타요 누군가
- 담벼락과 막다른 골목이 목마의 목적지
- 그래도 여전히 골목은 자라고
  까르르, 환청이 되어 빠져나가는 목마에 목마를 타던 아이들
- 내 귓속에선 목마의 울음이 자라고
  여전히 목마는 종교처럼 쉬지 않고 달리고

지금도 목마를 타고
어른들의 세상으로 유랑하는 상상을 한다
솔잎가루 신문지에 말아 담배 빨던 그 시절
호기심을 찾아서,

- 자 다음 목마 탈 사람, 누구?

카피·캣

하나만 살려야 한다고요? 밤을 지키며 눈 뜨고 있는 저 달은 어떡해요. 어차피 절반은 빛을 닫고 살아요. 납작하게 소리도 없이 말이죠. 밤의 입구로 소환된 낮달이 어둠을 분해해요. 어물쩍 다가온 구름 사이로 살짝, 여명이 눅눅해진 새벽을 깨뜨려요.

밤에서 막 깨어난 샴*이 기웃기웃 걸어와요. 낮의 마지막이자 밤의 처음, 낮달의 고해성사이거나 쨍쨍한 백야의 침묵들이에요

거울 속에서의 완주를 끝내려면 어차피 밤과 낮, 어울리거나 어울리지 않는 동거도 필요해요. 어둑해진 이마에 미우**가 물컹거리죠. 달의 주검을 태양의 발 밑에 파묻는 샴,

숨으로만 느끼는 밤은 낮
낮이 구애하는 밤은 다시, 샴

---

* 샴: 머리가 붙은 태국 쌍둥이. 태국은 시암고양이를 샴이라 하며 달의 다이아몬드라는 의미도 있음.
** 미우(mew): 고양이의 낮은 울음소리.

미우를 삼킨 샤이
달의 품속에서 잠방잠방 쏟아져요

하나 같은 둘, 잔상이 사라진 하나가
미우로 흐느껴요
밤의 심장 한가운데서
홀연히 견디는 낮달

째쟁-
거울이 부서져요

내림수위* 조문

수면이 비만해지자
완벽히 통제되는 저수지 수위,

수문 아래 개구리들은
며칠 전부터 울음을 수선하느라 정신 없어요
뚜- 뚜- 수화기가 거꾸로 매달려 신음을 뱉어요
급변하는 환율에 익사한 은빛 비늘들의 긴박한 순간들
이자율의 기울기를 견디지 못한 푸념이
수중보로 역류해요

시시각각 변하는 주식 전광판에는
밀짚모자 아저씨 몸빼 입은 아줌마의 아우성이
폭포처럼 쏟아져요
붕어들은 본능적으로 머리를 진흙 속으로 쑤셔 박아요
잠수교 아래로 투신했던 유성우가 녹아든 한강변엔
썩은 냄새 진득해요

안간힘으로 수면을 부여잡는

* 내림수위: 담수지의 물을 뺄 때 수위가 낮아지는 현상. 두려움으로 물고기는 입을 닫고 먹이 활동을 쉰다.

고수부지의 여윈 바람,
발밑에 떨어진 말라빠진 비늘들

실업失業이 송사리 떼처럼 몰려와요
차라리 꿈이었으면-
볼을 꼬집어요

휴식을 찾아 시베리아를 건너온 왜가리 한 마리
강남역 네온사인 불빛을 습관으로 삼키다가
버블의 가시에 목이 찔린 듯 한쪽 날개 기우뚱거리며
저 먼 바다 너머로 날아가요

대식가, 파밧

이봐요, Mr. 에디슨
해바라기를 키우기 위해 빛을 나르던 시절로 돌아갈 수 있을까요?

울창한 나무들을 실리콘 바둑판이 파밧-* 지워버리고 불안한 산책들은 두문불출에 빠집니다 뒷산의 새소리와 솔잎을 흔들던 바람도 방전된 지 오래, 달력 속 절기를 배달하던 꽃들도 생선 가시처럼 향기를 발라내곤 종적을 감췄어요 숲이 떠난 텅 빈 허무를 헤집으며 이주해온 네모난 입들이 태양의 심장을 먹어 치워요 강물을 투명하게 부풀리던 물고기 이마에도 파밧- 전기가 들어와요 잉곳**에 갇힌 바람과 재잘거리던 새소리가 마이너스(-)로 고갈되고, 플러스(+)로 치솟은 전기톱 소리가 숲의 울음을 삼켜버려요

태양의 하소연을 죄다 흡수하는 저 덩치들
더는 가벼워질 오솔길도 없어요
차분했던 산책로가 자기장처럼 떠다니고 검은 먹구름이 산을 덮었어요

---

* 파밧: 의성어, 전기 스파크 나는 소리.
** 잉곳: 거푸집에 넣어 굳힌 금속덩이. 태양광 충전재로 사용된다.

끈적이는 먹물이 쏟아질 거예요
팔목을 그은 에디슨의 절망이 무너지는 숲

파밧이
파밧의 목을 끌고 가던 날
녹아내린 빙하 사이에서 힘겹게 먹이를 찾는 북극곰과
홍수를 피해 지붕으로 올라간 소는
DNA가 닮았어요

세상의 숨겨진 후면을 모두 삼키고 나면 저것들,
맨 마지막으로 당신을 후식처럼 마실 거예요
반짝이는 네모 입을 크게 벌리자
오래 버틴 당신이 타 들어가요

비명이 묻혀요

믹스드

한국행 비행기에 탑승하라는 안내방송이 시작된다. 곁에 섰던 다소곳한 두려움이 내 손을 꼬옥 잡는다. 태연한 척 뚜엔*, 내게 몇 그램의 가벼운 미소를 던진다. 여린 웃음에 감춘 열대의 불안이 뜨겁게 건너왔다.

이륙하는 엔진소리에 뚜엔의 두려움이 풍선처럼 부풀려졌다. 처음으로 들어서는 미지의 길. 새 길은 언제나 새로 쓰는 가면처럼 표정이 난해하다.

- 나.는 한.쿡.사.람 입.니.다

불안이 무거워질수록 뚜엔은 연습했던 한국어를 자꾸 입에서 되뇌었다. 잠시 후 승무원들이 미소를 띠며 통로를 오갔다. 카트를 밀고 다가온 승무원이 미소를 지으며 물었다.

- 식사는 소고기야채볶음과 비빔밥 두 가지가 있는데 어떤 것을 드릴까요?

---

* 뚜엔: 베트남 여자 이름.

도시락 뚜껑을 열자, 숙주 호박 당근 버섯 고사리…… 각자 살아온 고향의 색깔과 향기를 품고 있다. 나와 뚜엔처럼. 다양한 표정의 야채들 위로 내일 어디쯤 매복해 있을지 모를 매운맛을 예습하는 한때. 뚜엔의 긴장한 시선까지 섞어 골고루 비빈다.

비빔밥을 한술 가득 떠 눈웃음을 얹어 뚜엔에게 건넨다. 하얀 치아에 수줍음 얼마를 감춘 채 수상한 수저를 받아먹는 뚜엔. 코리안 웨딩이 건넨 낯선 매콤함에 뚜엔의 진땀이 꽃봉오리처럼 벌어진다.

- 잠시 후 우리 비행기는 인천국제공항에 도착할 예정입니다 이곳 한국 날씨는……

기내방송이 흘러나오고 이국의 낯설고 차분한 공기가 뚜엔을 긴장하게 만든다. 뚜엔의 머릿속에선 남쪽의 낡은 시간들이 한장 한장 찢기며 허공으로 사라진다. 하노이공항 먼발치에서 안쓰러움만 그렁그렁 쏟으시던 엄마. 눈물이 먼저 감은 눈을 뚫고 흐른다.

- 어디서 저런 걸 델꾸 와갖고 이 고생이야. 무슨 말을 해도 말귀를 잘 알아듣기를 해. 그렇다고 음식이라도 잘 만들면 다행이지. 그나마 애 잘 낳는 거 아니면 어디 쓸 데가 있어야지

어머니는 오늘도 뚜엔에게 잔소리를 해댄다. 그렇게 욕을 먹어도 심성은 늘 한결같다. 농사일에, 집안일에, 시어머니 봉양까지 아직까지 화를 내거나 큰 소리 한 번 치지도 않았다.

어느덧 큰애가 초등학교에 입학했고, 그 사이 뚜엔의 한국말도 많이 늘었다.

얼마 전 큰애의 학교에서 부모님 모셔오라고 했다. 그런데 큰애가 꼭 아빠와 같이 가겠다고 주장했다. 엄마가 베트남 사람이라 친구들이 놀린다고 덧붙이면서……

그날 난 큰 애를 심하게 나무랐고 싸움을 말린 건 뚜엔이었다. 아이 입장에서 그럴 수도 있단다. 자긴 아무래도 괜찮다며 며칠 밥을 굶어가며 나에게 시위를 했다.

- 만약 현실에 굴복하여 각자의 맛을 잃는다면, 더 이상 한데 섞어 비빌 이유가 없겠죠. 다양한 재료가 섞여 비벼질 때 더 차별화된 상위의 맛을 내는 게 한국의 비빔밥이에요.

요리 학원에서 강사의 낭랑한 목소리가, 이제는 한국에 익숙해진 은수**의 일상 위로 침착하게 내려앉는다.

오늘도 은수는 남편과 아이의 저녁을 위해 비빔밥 만들 나물을 다듬고 있다. 언젠가부터 숙주 호박 당근 버섯 고사리에 모닝글로리***를 섞는다. 아이들과 남편은 비빔밥에 들어간 모닝글로리가 제일 맛있다며 식탁 위로 웃음꽃을 날린다.

** 은수: 뚜엔의 한국 이름.

*** 모닝글로리: 공심채空心菜라도도 불리는 볶아서 먹는 베트남의 대표적인 채소.

열대야

얼음 조각이 유령처럼 떠다니며
더위를 유혹하는 밤,

'야이- 새끼야, 내 돈 빨리 갚아'

폭염에 찌든 수화기 저쪽에서
날선 시비들이 들락거려요

도심 빌딩들 사이 거꾸로 솟구치는 땀방울처럼
하늘 향해 울렁거리는 아지랑이의 습한 기억들

한밤중에 울리는 클랙슨처럼
정신이 번쩍 들 장대비를 애원하는 소리가
눅눅한 허공을 떠다녀요

열대야를 부르는 습한 소식들은 야음을 틈타
게릴라처럼 낮은 보폭으로 숨어들어요
패랭이꽃과 수박꽃 향기를 찾아 나들이 간 휴식들
자정이 넘어도 돌아오는 방법을 잊었나 봐요

한여름 밤의 노래가 더위 먹은 풀처럼 끈적거려요
이럴수록,

키 낮은 반지하 좁은 방들
그들만의 더위에 익숙해져야 해요

'아빠- 더워 죽겠어 우리도 에어컨 하나 달면 안 돼?'

언제쯤이면 아이의 하소연이
시원해 질 수 있을까요?

절망의 손맛

바람이 할퀸 상처로 바다의 표피가 따끔거려요. 달빛을 녹여 상처에 바르면 비로소 물때가 시작되죠. 움푹하고도 으슥한 곳에 미끼를 드리워야 유혹이 몰려들어요. 거짓으로 가득한 캄캄한 물속. 사탕발림에는 적색신호가 없어요.

겉이 화려할수록 절망은 깊은 맛을 내죠. 괜찮아요. 경계심은 망가졌고 죄책감은 편의점에서 팔지 않아요. 전화벨 소리가 어둠을 들추고 비상을 시작해요. 벼랑 끝으로 내몰린 막다른 출구의 끝. 막무가내로 입질이 들어와요.

송곳처럼 찌가 솟아오르고 유서가 날아다녀요.

반사적으로 후려치는 챔질. 핑~ 피이잉. 누군가의 내일을 찢는 피아노줄 우는 소리. 수화기 너머 다급함이 귓볼을 찔러요. 속아서 무너지는 만큼 속이는 쾌감은 커지는 법이죠. 소리로만 살아가는 수화기 벌레들. 눈동자를 직접 본 사람은 어디에도 없어요. 사람은 믿고 살아야 한다는 신념이 무너지는 건, 미끼를 탐하는 시간보다 짧다고 멸치 떼들이수군거려요.

아침마다 사체가 뉴스로 떠오르고 밤하늘 저쪽 물고기좌가 붉게 염색돼요. 수화기 너머의 죽음은 아랑곳하지 않아요. 죽음의 개수도 관심 없어요. 아무 일도 없었던 것처럼 더 진화된 방식으로 해외발 최신식 전화기가 다음 입질을 기다려요.

고독 대 고독

주름 팬 기침이 약국 문을 힘겹게 열고 들어온다

- 콜록 코올록 어제부터 열나고 기침에 오한까지, 밤새 죽을 뻰했어
- 3일치예요 식사하시고 30분 후에 드세요 3천 원입니다

집에 들어오니 싸늘한 공기만 노인을 반긴다
싱크대에는 설거지 안 된 그릇과 식탁 위 컵라면 용기들
고독을 음독하곤 사체로 너부러져 있다
입만 열면 아파 죽겠다
염불처럼 달고 다닌 할멈은 몇 해 전 통증 없는 파란 나라로 떠났다

심심하다
콘택600의 알갱이는 진짜 600개일까?
감기약 캡슐을 열고 하나 둘 셋 넷 알갱이를 센다
아 몇 개였더라
다시 예순둘 예순셋…… 젠장 또 헷갈린다
이번엔 실수 말아야지
다섯 개를 셀 때마다 노인은 백지에 正자를 기록한다

이내 주변이 어둑해진다
창문 틈에서 놀던 햇살도 흔적 감춘 지 오래
밖이 어두워지면 그냥 밥 먹을 시간
형광 불빛 그림자가 식탁 한 자리를 차지하고
수전증 얹힌 숟가락이 식탁에서 입으로 삶을 지탱한다

밥을 먹고 나면 TV 앞에 앉는다
채널만 올리고 내리다가
리모콘을 쥔 채 잠에 빠진다
안방을 기웃대는 구부정한 달빛 아랑곳없이
TV는 혼자서 잘도 종알거린다

새벽이 내려앉은 축축한 백색소음 사이
선잠을 설치는 고독을 바라보는
고독들, 무심하다

명품 애벌레의 수양법

모래시계 속에서 다급한 내일이 고민도 없이 쏟아졌다. 가벼운 것은 시간뿐이 아니다. 갸르릉- 밤마다 자신의 울음을 헐값에 떨이하는 도심의 암코양이들. 나도 뭔가 물러날 곳을 찾아 납작 웅크렸다. 저 위, 자유 세상으로 통하는 창문에는 먼지만 가득했고 시험이 끝나기 전 이곳의 문들은 모두 밖에서 잠겼다.

얘는 전생에 어둠벌레였어. 오래전 동네 보살이 지나가는 말투로 내뱉은 그날 이후, 희미한 전등 밑이 내 서식처라 믿었고 시간을 갉아먹으며 창밖 네온보다 번쩍거리는 눈부신 우화를 기다렸다.

책상을 베고 누운 문제집의 굽은 허리엔 이미 무거워진 삼십이라는 숫자에 조금씩 금이 가고 있었다. 발목을 적신 어둠이 나를 흔들 때마다 색상과 무늬를 잘 완성한 옆방의 익명들이 감금을 풀고 어딘가로 납품되곤 했다.

나는 아직 한 마리 애벌레. 화려한 명찰을 목에 걸고 한정판이 되는 상상을 한다. 눈을 감으면, 바닥에 던져져 유리처럼 깨지는 꽃다발. 아니 나, 아니 아니……

어떻게 오게 됐어요? 신림역 앞에서 멍하니라는 명함을 받았어요. 고시원 지붕을 누르는 먹구름이 비가 되던 날. 602호는 만지작대던 마지막 티켓을 찢고 옥상에서 몸을 날렸다. 복도 맞은편 509호는 합격통지서가 날아든 후 짐을 쌀 가방을 사러 나갔다.

명품 애벌레가 되는 법을 암기하기 위해 다시 낡은 참고서를 펼친다. 기출문제보다 먼저 고시원의 밤이 속독으로 넘겨지고, 이른 아침이면 때 낀 창가에 절뚝거리는 여명이 형광색 밑줄을 긋고 어디론가 사라지곤 했다.

아직 세상의 바깥에 들켜서는 안 된다 나는.

좀 더 완벽하게.

좀 더 투명하게.

어둠 속으로 파고 든다.

천국의 나비 in 캔버스

오월의 캠퍼스로 투신하는 바람을 보세요

시간의 소멸보다 한 발 앞서 낙하하는 신음들,
교정을 맴도는 나비의 날개
노랑 물감을 갓 짜놓은 팔레트 위로 떨어져요
다시 춤추고 싶어요
연둣빛 심장을 박제한 대숲의 자유를 보세요
죽엽 위를 뛰어다니는 무용수*가 바람을 타고 춤으로 흘러요

철제로 만든 가속도에 하반신이 실종된 그 날 이후
부서진 관절이 공중에서 출렁대요
음이 흩어진 비명을 설득해서 캔버스에 바르는 건 어때요?
기우뚱한 다리에 걸린 수평이 맞지 않는 얼굴들,
검정 물감으로 덧씌워진 자화상이에요

나비의 다리를 보셨나요
아니 내 다리는,

---

* 대학 무용학과를 다니던 무용수 김형희는 교통사고를 당해 중증 장애인이 되었다. 이후 국내 최초 중증 장애인 그림 임상치료사로 전향했고 경기도는 도민의 날을 맞아 김형희 대표에게 표창을 수여했다.

괜찮아요 하얀 도화지가 날개로 펄럭이잖아요
부러진 다리는 다시 피는 노란 꽃,
오세요 나비를 타고
아니 나의 불완전한 이젤을 타고

다 쓴 물감 튜브처럼 더는 눈물이 짜지지 않을 때
허공의 캔버스에 나를 그려요
무채색 슬픔 대신 유채색 웃음을 덧발라요
불편한 이젤을 딛고 비상하는 서툰 몸짓들
대숲에 버린 고장 난 무릎을 찾았어요
런웨이 워킹의 화려함보다 색색의 춤사위 뛰노는

캔버스, 다시 날갯짓하는 나비

얼음 같은 피는 여전히 붉고

내가 여태껏 살아온 세상
내가 지금까지
버텨온 이유,

이젠 탐미를 끝낼 때다

살아냈던 시간이
살아가야 할 시간으로 죽어간다

말[語]을 사랑했던 기억을
잃어버린 단어에 가둔다

그래도
죽어도,
세상이 아름다운 이유

오늘밤
한 줄의 시를 쓰기 때문

아름다운 밤에

아름드리 바람이

아스라한 유성의 말[語]들을 데려온다

아무 것도 하지 못한
뭐하나 제대로 할 수 없는 난,

세상의 낙오자
이토록 쓰라린…… 구멍 난 하늘
원뿔처럼 말아 올린
새들의 울부짖음

지쳐가는 자동차 경적 소리
동요하는 만년필
시인의 심장에
펜촉이 묘비처럼 박히고,

냉정한 핏물만
여전히 붉다

샐러리맨의 퍼즐

토요일 늦은 오후 강남역사거리 32층 빌딩에서 테헤란로를 바라봐요.

오고 감 스침이 의식도 없이 부비대죠. 가로수를 정비하는 칼끝을 피해 은행 열매들이 우두둑 투신해요. 가지치기 당한 가지들의 걸쭉한 주검들. 미세먼지 콜록대는 햇빛과 나른한 바람만이 조문객 없는 빈소를 지키고 있어요.

딱히 해 놓은 거 없이 죽어가는 건 누구나 마찬가지래요. 내일을 기대했던 단어들을 골라 분향합니다. 새벽 희망 미소 그리고 영면. 주말 오후가 한참 지났음에도 사무실에는 샐러리맨 퍼즐 맞추기가 계속돼요.

지지리 없던 운도 한 번은 터지겠죠.

옛날을 칩에서 하나하나 끄집어 냅니다. 수능 졸업 입사 결혼 대출 주식 코인…… 이만하면 잘하고 있나 의문이 늘어나는데 대답은 주파수를 낮추고 볼륨은 희미해져요.

서른세 개의 나뭇가지에 걸린 바람을 하나하나 꺾어 손등에 올려요. 후- 후- 37도를 웃도는 입김을 불어 넣어요.

대충 살아요. 결혼과 자식이 꼭 필요한 건 아니잖아요

내일이 시작되는 잠실의 하늘 동쪽에 자화상을 전시해요. 실루엣이 드러날 정도로 활짝 열고.

밤이 되면 샛바람을 따라 퍼즐들이 우두둑 투신할 거예요.

먼 남녘에서 조문 온 여린 달빛, 늦은 새벽까지 샐러리맨 퍼즐 맞추기를 지켜보고 있어요

2부

에칭*
— 돌산도

내 안으로 침범한 모든 후회는 명치께로 달려가 목을 맸다. 요철 같은 일상에 걸려 넘어지면 새벽을 틈타 남쪽으로 차를 몰았다. 동판이 되어 가로막는 딱딱한 어둠을 얼음처럼 깨트리며 달리는 범퍼. 이런 날엔 암흑 속에 박제된 신호등도 어떤 아이가 잃어버린 아주 작은 스티커가 된다.

지난 며칠 나는 수양버들처럼 우거진 빌딩 숲에서 바다에 튕겨 버린 담배꽁초처럼 떠다녔다. 시간도 부식되는 걸까. 확연히 잡히지 않는 더부룩한 일상이 엎질러지고 미간에 주름 많은 사내 하나, 책상 위로 난파당한 서류 몇 건지고 있다. 그 사이 테이블에 놓인 커피잔 속에서는 손톱만 한 낚싯배가 황갈색 허공에 막 닻을 내렸다. 양각처럼 고개 드는 코끝 언저리 비린 이물감, 여수 밤바다 저쪽 날짜들이 욱신거리면 새벽을 지퍼처럼 열고 나와 남쪽으로 질주한다.

오늘처럼 바람이 단단한 날, 향일암에서는 그 어떤 노래도 잿빛을 벗지 못한다. 허공 저쪽에서 사진처럼 정지한 날개들의 높낮이도 함부로 그리워해선 안 된다. 오래전 내 기억

---

* 에칭: 동판에 바늘로 그림을 새긴 다음, 질산 부식하는 요판凹版 인쇄술.

어디쯤에는, 어린 옹알이를 등에 업고 바람에 자장가를 말리던 젊은 머릿수건 하나 새겨져 있다. 어느 순간 작은 심장으로 건너오던 실처럼 가느다란 여자의 숨, 출처를 알 수 없는 흐느낌에 자주 넘어졌다.

구멍 난 바람 속으로 여린 한숨이 멸치 떼처럼 휘몰고 지나갔다. 작금항을 잠그는 닻처럼 내 맘속 수중에 박혀 있는 녹이 슨 중고 SUV. 향일암 댓돌 위에 놓인 짚신들의 웃음을 낚아채던 무수한 목탁 소리들. 누군가 그것을 명상이라고 불렀을 때, 보살들은 끼룩거리는 습관들을 하늘에다 조약돌처럼 올려놓았다. 구름들의 아랫목이 뜨겁게 욱신대는 날이면, 허공에서 몇 걸음 뒤로 물러나야 보이던 젖은 구름 하나.

지저귀던 하루가 닫히자 새들보다 먼저 안개가 둥지로 귀가했다. 도심이 시들고 달력 언저리가 건조해지면 남쪽으로 차를 몰고 돌산도로 간다. 바위에 서서 누군가 부르는 소리에 문득 뒤를 돌아보면 거기, 오래된 액자처럼 서쪽에 걸려 있는 청동빛 새떼들, 홍건한 머릿수건.

미우를 만나러

잠영을 하면서 파란을 생각해요

수영장 타일에 넘실대는 파도
하늘과 바다를 교차하는 상상
숨이 차면 입을 내밀고 날기 위해 꼬리를 흔드는
본능은 기억해요

밤을 통째로 바다에 빠뜨린 길고양이,
어둡고 칙칙한 물살이 지나는 골목에는
난산의 기억들이 넘실넘실 걸어다녀요
미우*라고 들어 보셨나요?

수영장 다이빙대를 점프하듯
활주로를 이륙하는 비행기
칠 벗겨진 날개는 괭이갈매기를 닮았어요
하늘에 펼쳐진 흰 무리
낮달 빠진 바다
관절 꺾인 바퀴가 접히고 비상의 본능마저 수면 아래로 침몰해요

* 미우(mew): 동음이의어(고양이 우는 소리(의성어), 갈매기(명사))

후- 후- 수영장 구석구석 생명을 불어넣어요
가시덤불 둥지에 파란이 잠방대요
방금 낳은 알들이 파란으로 목욕을 해요

미우를 만나러 남쪽으로 가는 길
섬으로 향하는 여객선 선창으로 쏟아지는
끼룩대는 소리의 내장들, 미역 줄기처럼 허공을 떠다녀요

다이빙대를 떠나 첨벙-
파란이 하늘과 바다를 바느질하듯 기우며
꼬리보다 커진 오리발을 힘차게 흔들어요

어느새 수영장에는
물안개 같은 미우가 수북해요

갯그령*

갈라진 배 하늘로 드러낸 순천만 둘레길. 소금기 절은 바람이 휑한 너를 더 여물게 만든다. 흰, 수백 개 잔발로 여수반도의 검은 속살을 유랑한다. 바닥으로만 기어서 누운 채 옆으로 자라는 갈대들 사각사각, 네 몸에 제 몸을 속살을 부빈다.

발바닥은 더 낮은 바닥까지 안녕, 그래 농게 칠게 짱뚱어 다들 살아 있었구나. 펄이 찌든 부석부석한 손등을 햇살에 담근다. 김 굽듯이 앞뒤를 바람에 하늘하늘 맡긴다. 칠흑의 빽빽함에 발목 잡힌 헐떡거리는 숨들이 펄 밖으로 쉼없이 쏟아진다.

펄의 세포들이 무릎을 타고 증발된다. 순천만이 끝나는 동쪽 하늘 저편, 하얀 뭉치들 듬성듬성 염전이 걸린다. 갯벌의 손바닥에는 누구의 혈통이라는 손금들로 족보를 드러낸다.

바람이 어둑해질수록 촘촘해지는 호흡들. 발톱 안쪽까지 간이 하얗게 스민다. 한낮 햇살에 베인 화상은 밤새 쓰라리지만, 묵비권을 행사하거나 그도 아니면 주변이 알아듣지 못할 ㄴㅏㅈ ㅇㅡㄴ 신음들 자욱하다.

---

* 갯그령: 볏과의 여러해살이풀. 바닷가 모래나 갯벌에서 자란다.

그래 맞아, 독백을 갈음하는 정도 낮은 주파수들. 순천만 습지를 보전해야 한다는 뉴스가 AM 라디오에서 갓 빠져나온 호소로 퍼져 간다. 간척지를 개발한다고 수군대던 중절모들, 어느 틈엔가 발길이 뜸해졌다.

공중의 체적을 줄이는 만큼 혈관을 조여 오는 밀물의 수압들. 물을 빼는 입들이 쉼 없이 날름댄다. 삼투압을 조심하세요. 염분으로 갈라진 벌집 같은 등판. 검은 몸통에 발가락을 꼼지락 눌러 본다.

여윈 햇살에 부석부석해지는 체모. 스르륵, 간기 없는 순수가 체내로 스며든다. 잠방대는 숨. 철 따라 물 따라 바뀌는 색. 조용히 발목을 담근다. 순천만 갯벌의 내장 더 깊은 곳으로.

블랙 카펫을 따라

동쪽 하늘이 출렁거리면 각설탕 같은 별들이 바다로 쏟아져요. 별이 떠난 밤하늘이 어둠에 잠기며 서서히 물길이 열려요. 오래전 부드러운 전설을 노래하던 그리움이 귀로의 이정표가 되죠. 그거 아니? 출렁이는 허공을 수제비처럼 얇게 펴면 귀가 된대. 해적선이야! 소리를 지르며 첨벙- 귀청 속으로 뛰어들어요. 물구나무 서는 귓불의 그림자 뒤로 청각 잃은 암벽이 서 있어요.

바위를 두드리면 틈새로 내미는 얼굴들. 낯익은 목소리가 귀지를 타고 뛰어내려요. 오우 저거 보세요. 고래 등에 올라탄 소녀가 로데오를 즐겨요. 해초처럼 하늘거리는 올리브나무를 한입 베어 물죠. 지난밤 추락한 해안선이 입안에서 녹고 있어요. 흐르는 시간의 난간 아래 언어의 촉수를 꽂아요. 구름들이 범선으로 변하며 거대한 항해를 시작하죠. 블랙카펫을 따라 호랑이 멧돼지 노루가 화동처럼 별을 뿌려요. 이제 밤바다에 등대불이 반짝일 거예요. 고래가 고향으로 돌아가는 길.

고래의 영혼까지 담아낸 기하학은 존재하지 않아요. 귀향을 인도하는 외로운 등대불만 블랙카펫에 흐르는걸요. 희미해진 그림자 뒤로 숨어있는 사냥의 파수꾼들. 탐욕에 가려 어둑해진 물길에 길을 잃고 헤매던 고래가 하늘을 향해 배를 열었어요. 포경선이 축포를 쏘아 올려요. 사각사각, 바다를 부위별로 해부하며 귀향의 본능까지 발라내요.

언젠가부터 돌아오지 않는 고래들. 밤하늘에 비와 바람이 오갈 데 없이 걸려 있어요. 어쩌다 폭우가 쏟아지면 물 밑으로 잠영하는 바위 고래들. 잃어버린 등대를 찾아 일만 년의 속도로 유영을 시작해요.

월진

손톱은
하얀 기다림으로 자랐다 사라졌다

태양을 등지며 잘려나간 반쪽 눈동자
삐딱한 습관의 그림자로
돌아서거나
단면만 허락하는
숨바꼭질

어느 밤
다대포 횟집에 걸린
박제 같은 손톱이 소멸되는 상상을 한다

너를 잡아당기던 팽팽한 줄 끊어지고
조수간만의 차差는
너와의 거리만큼 커져간다

오래전 너를
온전히 기억해 줄

조개구이 껍데기에 간직해 온 말들
주인도 없이 아무렇게나 버려진,

갯벌은 목이 마르다
움츠린 공전의 속도가 부유물처럼
잘려나간

손톱만큼 가벼워진 밤하늘
네가 물처럼 녹아 내린다

군중이 사라진 거리
낮아진 체온만큼
침착해진 너

그날 밤
바람이 달을 보며 우는 소릴 들었다

빛들이 손톱의 소각을 끝낼 즈음
둥글고도 커다란 미소
상처 없이 도려낼 수 있을까

덜 여문 월진*만 계속된다
저 희디흰 기다림으로

*월진: 달에 발생하는 지진. 지구보다 오래 지속되는 특징이 있다.

둥근 탄생

언어가 사라진 검은 침묵들
소리도의 낯선 포구를 배회하죠
바람의 크기를 재단하는 간출여* 이마,
파란 멍들이 넘실거려요

허공에서 교감하는 바람과 둥근 숨,
밤의 닫힌 입과 한낮의 견고한 혀는 한 몸 같은 둥근 족속이에요
간기 밴 생애의 안팎들이 향일암에서 돌산도 앞바다까지 +와 -로 반복되는 거예요
태초에 인간으로 변한 곰의 가슴에 숨어들거나
봄볕이 따스한 여수 바다에 드러누운 윤슬들

돌산 밤하늘,
물살에서 뛰노는 빛은 탁하고 희미해져요
미늘이 한려수도 심장을 관통한 날
선혈로 헹군 물살의 정강이 근처, 플랑크톤 시체들이 조밀해요

---

* 간출여: 물이 들면 잠기고 물이 빠지면 드러나는 바위를 말함.

간혹 목숨을 던지는 유성우를 관찰하기에는
캄캄한 밤이 좋아요

밤하늘에 걸린 둥근 입이 향일암 목탁 소리 삼키던 밤
바람이 창백한 허공을 가르면
역마살 뭉치들이, 여수 바다로 쏟아져요
숨들이 출렁대는 바다 곳곳 둥근 정원이 생겨요

수면 위 커다랗고 새하얀
자궁이 열려요

시모토아*

입속에서 꿈틀대요
징그러운 이런,

자고 깨면 어지러워요
초경은 아니에요
혀끝에서 심장이 뛰어요 은유는 왜
멀리서만 별이 될까요?

해초와 글자 맛이 헷갈려요

형광빛 플랑크톤 사이를 달려도
말미잘보다 물컹한 글자를 씹어도
혀끝에서 움츠린 언어들

얼마나 기다려야 별이 될까요

아득한 바닷속 은둔이 기댄 모퉁이
봉숭아 꽃물을 토하는 시모토아

---

* 시모토아 엑시구아: 등각류 갈고리벌레과의 공생·기생동물. 물고기 혀에 파고들어 물고기는 느끼지 못하는 사이 물고기의 혀가 되어 물고기 피를 빨아 먹고 산다.

빛이 사라지고 어둠을 파먹는
시인의 혀끝
눅눅한 일상이 너부러져 있어요
혀를 빨아 먹는 혀
맛이 밋밋해요 상했나봐요
싱싱한 글자를 주세요

언제부턴가
일곱 쌍의 다리 끝에서 발음이 사라졌어요
통증마저 마취된 혀
혀끝으로 잘 분해되지 않는 활어活語들,

기어이 잘라내는 입속의 입
혀끝의 혀
발음이 실종된 나 아니 시모토아
점점 어눌해지는 아가미

추방을 실패한 후

어두운 방구석에 홀로 뒹구는 활자를 찾아
화석이 된 만년필,

너 아니,
나

어부의 비늘

제주도 남쪽 먼바다에서 강한 비를 동반한 A급 태풍이 한반도로 올라오고 있다는 뉴스 속보가 나옵니다. 여수 국동항 인근, 거칠어진 바람과 굵어지는 빗발 속에서 우비를 입은 채 마이크를 잡고 현장을 중계하는 기자의 입놀림이 급박합니다.

빗물 잔뜩 묻힌 칼바람은 여린 나뭇가지의 목을 치기 적당합니다. 대바늘처럼 꽂히는 장맛비에 꽃잎들 하나 둘 셋 속절없이 낙화합니다. 꽃잎들은 비늘이 되어 울적한 바다에 뿌려집니다.

온 천지가 비늘 비늘 비늘무덤. 빗발에 구멍 난 남해의 옆구리에서 축축한 소리도 포구를 끄집어냅니다. 간이 방파제 구석에는 어로작업을 끝낸 자망이 너부러져 있습니다.

며칠 전 서울로 간 트럭 물칸에 실린 물고기의 비늘이 우두둑 그물들 사이로 떨어집니다. 어선의 항해술과 투망 기술 그물질의 고단함까지……. 몇 권 책으로도 모두 표현할 수 없는 어부의 생애는, 비늘 무덤 곁 비석에 단 한 줄도 기록되지 않습니다.

향일암을 넘어오던 새벽 초승달이 어둠에 길을 잃고 목이 날아간 가지들의 밑동에 주저앉습니다. 한기 밴 돌산의 갯바람은 어부의 찰갑*을 으스스하게 흔듭니다. 물속 생물에게 전해줄 안부 몇 장 들고 육지 사람들은 잘 가지 않는 난바다로 향해, 어부는 중단할 수 없는 생의 한가운데로 달려갑니다.

손죽열도의 작은 애기섬 끝 수평선으로 수중 암초의 모세혈관들이 온 바다를 벌겋게 물들입니다. 어둠을 자근자근 씹어 먹는 붉은 물살은 어부가 좋아하는 해창**입니다. 본격적인 어로작업 신호입니다. 수많은 비늘을 모두 내어 준 앙상한 우듬지가 향일암을 비추는 달그림자 속으로 삽입됩니다.

새벽 마파람을 둘러 입은 검은 저승사자가 손죽열도의 파도를 몸에 바르고 어부의 생을 짊어진 바람의 어깨에 올라탑니다. 캄캄한 밤하늘, 어부는 그곳에서도 다시 그물을 펼

* 찰갑: 갑옷 비늘의 방언.
** 해창: 낚시꾼들이 쓰는 말. 일출 1시간 전에서 일출까지, 일몰 1시간 전에서 일몰 때까지를 말함.

칩니다. 집에서 기다리는 식구들을 위해 싱싱한 활活별들로 만선이 되기를 소원합니다.

뉴스 속보입니다. 어젯밤 어로작업 중에 실종된 어부의 수색이 한참 동안 계속되고 있다는 소식이 나옵니다. 우비를 입은 채 마이크를 잡고 거센 비바람 속에서 현장을 중계하는 기자 목소리가 긴박합니다. 손죽열도 근처에서 실종된 어부의 시신을 아직 찾지 못했나 봅니다.

남해의 중심에서 한 줌 흐트러짐 없는 꼿꼿한 비석에 한 줄로도 기록되지 않을 어부의 생애가 서쪽 밤하늘에서 희미하게 깜빡입니다. 거친 비바람 속에서도 여긴 괜찮으니 가까이 오지 말라 손짓을 보내며 가족들에게 호탕한 웃음을 보냅니다.

찰갑의 비늘이 한 점 한 점 남쪽 바다로 추락하고 어부의 생애도 마지막 비늘이 되어 한 점 한 점, 여수 밤바다의 허공을 맴돌고 있습니다.

푸른 실루엣의 생애

아버지는 어부다
아니 바다였다는 소문이 있다

염분 먹은 칼바람이 어부의 배후를 밝힌다
등이 퍼렇게 멍이 들고
풀어헤친 머리칼 사이로 휘-이잉

전해주지 못한 유언이 쏟아진다

태풍이 푸른 실루엣을 삼키던 날
바람은 입을 닫고
조류는 곡하는 법을 잊어버렸다
바다의 혈류를 따라 잠기는 생애 생애들

스윽- 손목을 긋는다

푸른 생애가
검은 사체가,
부유물로 떠다니고

스르륵 쏴아-
밤새 그칠 줄 모르는 울음소리

이따금씩 맨몸을 드러내는 간출여
자신도 모르게
행불의 목격자로 간주된다

어디선가 날아온 갈매기
어부의 생애를 배설했던 출입구를 연신 쪼아댄다

며칠째
실종을 재단하는 셈법은 치밀해졌다
자살과 타살, 그리고 사고사의 깊이를 더듬는 탐문 속
푸른 생애의 마지막 실루엣이
밤하늘 저쪽
씰룩거리는 장면으로 목격됐다

푸른 생애가 사라진 날
풍문마저 소멸된 주인 잃은 그물이
마지막 수색을 끌고 바다를 더듬는다

그해 여름
바다의 유희를 미행했던 피서객이 흘리고 간 유랑들
밀어의 속살이 버려진 종량제 봉투 속
누구라는 이름 없는
생애
하나 또 하나

한 판 승부

캄캄한 침묵을 들추며
잠들지 않는 조바심,
안방 구석 구석 파도를 치댄다
암만 잠을 청하려 해도
목줄 터져 놓친 대물 감생이 면상이
코끝에서 시큰거린다

소리 없는 바람으로 집을 나선다
누구세요? 나보다 앞선 설레임이 승용차에 먼저 탑승해
있다
새벽을 달려 도착한 갯바위 곶부리
발목지뢰 같은 날카로운 파도가 긴 혀를 날름거린다
대물은 거친 포말을 먹고 사는 법
기다림을 해부하며 서서히 물때가 시작된다
새벽 달빛을 녹인 은빛 쟁반 둥- 둥-
여명이 침몰하는 수평선을 깨뜨리며
명품 1호대*가 출사표를 던진다

---

* 1호대: 낚시대 끄트머리의 호수를 말하며 숫자가 커질수록 굵어진다. 보통 감성돔은 1호대를 사용한다.

툭,
자살폭탄 같은 바늘을 몸에 숨긴 크릴새우가 잠수한다
한 치를 넘어 한 자,
척후병이 되어 열 길 수심을 낱낱이 더듬는다
밤새 보초를 섰던 간출여를 지나
대물이 매복하기 좋은 잠길여,
그리고 오짜 감생이**의 은신처인 수중여의 심장을 해부한다

바다의 속살이 미끈거린다
대물이 가까이 왔음을 직감한다
조사釣師의 심장이 쿵. 쿵.

바다에 마른 천둥이 친다

** 오짜 감생이: 조사들 사이에서 50cm 이상되는 감성돔을 부르는 말.

바람의 손금

수평선 발목이 여명에 잠방대고
밤새 고인 어둠을 뚫고 붉은 물살 퍼득인다
어둠이 채 가시지 않은 새벽
물속에서 밤을 세운 어구들 하나 둘 회수된다

바다를 뚫고 뱃등으로 올라오는 통발들
전리품 없이 통발을 탈출하는 물살은 빠르게 느껴지고
어부의 조바심은 얼긴 대통처럼 촘촘해진다
통발 속에서 갑판으로 뿌려진 문어가
여덟 발로 먹이를 움켜쥔 채 어부와 눈싸움을 벌인다

줄을 따라 이어지는 통발들
소라고둥이 집채를 웅크리고
팔뚝만한 노래미
살이 두툼한 붕장어가
그물코 사이로 연신 주둥이를 쑤셔 박는다

행복하게 해줄게요,
단단했던 언약은 하루 종일 어부와 함께 바다를 채취하는

등이 휜 일상으로 변하고
소금기에 쓸린 어부의 손바닥엔
자식들 눈동자가 하얀 별이 되어 반짝인다

저무는 하루가 마파람에 찰랑
서쪽 하늘엔 주홍빛 노을이 일렁이고

노래미 붕장어 문어 소라고둥
배 물칸 안에서
다시 찾은 자유를 즐기고 있다

조석예보

밤이 끝나지도 않은 시간,
아버지는 당신의 배를 바다에 띄운다

새벽 한기를 먹고사는 선원들이
생선 꾸러미처럼 둘둘 말려 바다로 향한다
하루 두 번 정해진 시간
밀다가 뱉고 출근하고 퇴근하는 조석의 순례길

아버지의 배는
마을버스와 지하철을 환승하며
이정표 없는 파도에 쓸리다가, 언젠가부터
품삯을 챙기지 못하는 날이 예보도 없이 늘어났다
그런 날엔 세파에 부서지는 당신의 물살이
풀죽은 맹물로 변하곤 했다

아버지의 작은 배는
궂은 바람에 흔들리면서도 만선을 꿈꾸지만
일감을 기다리는 대기번호표엔
굵어진 불안만 들락거린다

어느 밤
아버지의 구멍 난 배로 흘러드는 탁류가
서늘한 바람에 스스로 목을 맨다

서서히 힘이 빠지는 물살

막 조석예보가 뜬다
무슨 일인지 내일은
신축 연립 공사장으로 흐르는 조류가
미동도 하지 않을 거라는,

3부

흰의 저쪽, 스펑의 뿌리는 질기고

싸—,

내 고향 대숲엔 지금쯤 눈바람 일겠죠. 달력이 아무리 차가워져도 눈이 오지 않는 이곳. 흰, 은 묵힐수록 까마득하고 비명을 지를수록 더 투명해지는 통증들.

미얀마에 눈길(snowy road)은 없어요. 허공에 사정하는 액체들. 맞아요. 이따금 허공에서만 열렸다 닫히는 흰 길, 오늘 새벽에도 주검 몇 배설한 위안소 밖으로 눈길을 주면 안 되는 사람들, 잠시 여유만 거들어도 몽둥이가 날아들어요. 차라리 죽여 달라 호소를 해요. 내 꿈은 화장터 굴뚝을 지나 눈이 되는 일, 흰 길이 되는 일.

군용 모포 위로 쏟아지듯 누워서 606호를 맞아요. 우린 기어이 놈들의 기어이에만 기어이 연기를 하죠. 오늘은 또 어떤 꽃잎이 어둠 쪽으로 짐을 쌌을까 생각해요. 생각하면 생각나는 칡뿌리처럼 질긴 엄마. 맞아요. 그날 들판에서 바구니에 냉이 몇 둔 채 끌려왔어요. 혹시 내가 말했나요. 미얀마엔 흰이 없다는 걸. 폭력에 깎여 가루가 되는 눈길(one's eyes)만큼 허무한 것도 없어요.

허공으로 흩어지려는 바람을 꼬아 헐렁해진 하체를 덮어요. 스르르- 간밤에 무수히 체념한 체념들이 굴뚝을 타고 허공으로 체념을 날려요. 점점 더 체념이 굳어가는 내 체념 안에는 아버지가 아궁이에 꺾어 넣은 몽당연필이 밤마다 스펑*이 되어 걸어다녀요.

엄마! 나는 언제쯤 흰과 쇼부를 볼까요. 내 이름보다 선명한 염증과 진한 고름들. 괜찮아요. 606호 살바르산**이 길을 막아요. 아무도 흰이 될 수 없어요. 적을 향해 무의식으로 난사하는 총신처럼 끝도 없이 쏟아져 들어오는 저, 빳빳하게 발기된 눈알과 충혈된 깃발이 모세혈관 따라 지옥 끝까지 쫓아와요.

엄마- 흰의 정수리 저쪽에서 웃고 있는
엄마-, 조금 늦을 거 같아요.
스펑의 뿌리는 질기고 난 아직 흰의 손잡이도 완성하지 못했어요.

---

* 스펑: 미얀마 캄보디아 아열대우림에서 거대하게 뿌리내리는 나무.

** 606호 살바르산: 매독 치료제. 강제동원된 위안부에게 2주에 한 번씩 놓던 주사.

궁금한 이사

어제 세상 떠난 B103의 부음을 물고서라도 아침은 찾아들어요. 경건한 죽음을 애도하는 태양이 붉은 국화를 뿌려요. 저 태연한 태양의 처세를 보세요. 밤새 추위에 떨던 어둠을 아무렇지도 않게 덧칠하잖아요. 감쪽같죠?

B103 부검 결과는 질식사래요. 대중이 동의하지 않는 죽음은 타살로 봐야 해요. 대중에 공증받은 살인은 전쟁 영웅으로 칭송되기도 하잖아요. B103은 어둠과 그림자를 양손에 쥐고 매일 자신의 기울기를 시험했어요.

오늘 아침 뉴스에 나온 여의도동 1번지 세입자들의 영혼 없는 주장을 들어보세요. 실업률 3.7%, 고용률 62.1%, 자살 사망자 1만 2,906명. OECD 국가 중 불행한 나라라고 1번지 세입자들은 서로를 비난해요.

B103뿐만 아니라 아무개 씨 실종이나 무명의 죽음들도 여의도동 1번지 세입자들의 혓바닥에서 잠깐 튕겨지고 잊혀질 뿐이죠. 전경련 회관에서 거나한 점심을 먹고 저녁에는 조명이 화려한 카페에서 술을 마셔요.

서로는 같은 편이에요. 아무렇지도 않게 말이죠. 그저 그렇게 그들만의 규칙만 만들면 그만이죠. 비정규직 해고 금지법, 자살 방지 법안 등 이슈에 올라탄 새 법안이 상정될 거예요. 법안이 통과된다는 보장은 어디에도 없어요.

B103은 유품을 정리해서 파란 새집으로 이사를 갔어요. 그곳에서는 안정된 직장을 찾았을까요. 비정규의 허울을 벗었을까요? B103이 암호처럼 머리를 뱅뱅 돌아요.

기와의 기억

저 먼 하늘 한쪽
조금 먼저 간 청춘의 전입신고
무심히 날아든 하루,

그날도
최루탄은 자동 연발처럼 교정을 뛰어다녔다

나는 손수건으로
눈물보다 세상을 더 많이 닦아냈다

그런 날은
고려의 궁궐 한쪽 기와가 무너져 내렸다
몰락한 왕조의 복원을 기도했던 바람이
으스스 부서졌다

하얀 가스 가루
안개처럼 내린다

저 먼 데서 울음 울던 백성들 늑골이 무너진다

성균관 기와도 무너진다
헐렁해진 옆구리에 늑골과 기와를 끼고
세상을 향해 던지고 던진다

갑자기 등골이 오싹하다
오늘도 서늘한 유치장 바닥에서 잠이 깬다

꿈에서 벗어나도 선명한 초상들
잡풀 우거진 왕조를 지키는 꼿꼿한 바람과
궁궐에서 목숨 잃은 부러진 창의 역사들
기와의 기억들이 한꺼번에 허물어진다

캠퍼스에 뒹구는 한 조각 기와를 숨겨
몰래 숨어든 하숙집 골방,

다음날 아침까지 불을 켜지 않았다

상처, 後
― 서망항 방파제에 누워

어둠이 충분히 익었을까,

콧등으로 간을 봐요
해수면이 밤하늘에 잠기면 숨죽였던 해풍이 잠을 깨죠
바람을 수직으로 들추며 선체가 날아올라요
하늘엔
오색 별빛이 함박눈처럼 쏟아져요

  - 오랜만이야, 내 모습이 보이면 손을 흔들어 봐
  - 어머나 벚꽃 진 지 언젠데 눈이 펑펑 오네

자욱한 해무가 바다를 쓰다듬으면
몽유병처럼
파도 옆구리에 날름거리는 주술들,

ㅅ. ㄹ. ㅏ. ㅎ. ㅐ. ㅇ.
수면을 끌고 다니는 주인 잃은 글자들이 보여요

축축한 밤의 젖은 어깻죽지를 열고
물칸에 살려 온 말[言]들을 밤하늘에 압정처럼 꽂아요

- 보고 싶다고 무작정 광고를 낼 순 없잖아
  이별 하나하나에 이름도 지어주지 못했어
- 당신 잘못 아니야 눈송이를 깨물어 봐 별맛이 어때?

여명이 붉은 입술을 내밀기 시작하면 시나브로
밤하늘의 물길이 닫혀요
달 지는 새벽을 골라
선명했던 그날의 기억이 가벼워질 거예요

- 다신 전화하지 않을게, 혼자라도 꿋꿋이 잘 살아

몇 년 만의 재회가 방파제 저편으로
천천히

사라져요

붉은 서정

호외가 날아들어요

조선이 해방이 되었다네요

무기력하게 늘어진 바람도 꿈틀대기 시작해요 말라 비틀어진 몇 가닥 정신을 주워서라도 거스를 수 없는

집으로 가는 길, 눈이 와요

앙상한 경련을 군침으로 삼키던 검은, 시선 앞에서 덩그러니 굳어버린 순결을 어떡해요? 하늘을 향해 두 팔을 뻗어 젖은 구름을 약초처럼 뜯어요 여물지 않은 상처에 바를 거예요

스르르, 잠이 와요

차를 타본 적 없는 아이들이 군용트럭 안에서 설빙처럼 굳었어요 총부리를 목격한 심장은 트럭 짐칸 바닥에 더 납작 엎드리죠 타이어가 구르기 시작하면 동네 물레방아의 눈물샘이 터질 거예요

끼익- 끽-

닫히지 않는 낡은 문틈 사이로 군화 끈 푸는 소리가 천둥처럼 들려요 짐승의 일그러진 눈빛을 피해 얼룩진 이불 밑으로 몸을 숨기는 겁먹은 꽃봉오리

너는 죽는 게 두렵니?

난 희망 없이 사는 게 더 무서워

충혈된 꽃잎이 울음의 손목을 그었어요 사이판 해변 모랫바닥에 차갑게 식어버린 비석 없는 상처들

고향마을 어귀에 다시 서정이 피어날까요? 피지 못한 봉오리 여전히 붉디붉은,

여백의 무게

파란 문신은 차출 영장 0순위. 푸른 제복이 감시하는 비탈길에 목 부러진 음정들이 나뒹굴어요. 숙소를 염탐하던 경계심 불안한 음색들. 이곳을 탈출하려는 시도는 언제까지 미완성일까요.

무뎌진 손톱 위에서 숨을 거둔, 102 보충대에 처음 밀어 넣은 발목은 순결할까요. 서른여섯 검정 건반의 모퉁이에 기댄 이별 예감이 레퀴엠의 전신을 해체해요. 마지막 만찬에 초대된 성가대 오르간이 수리를 끝낸 음을 추격해요.

오르간을 탈출하는 음정의 속살을 보세요. 이럴 때면 쉴 새 없이 퉁기는 손가락을 머릿속에 넣어요.

보이세요? 정지한 음들이 철조망으로 뛰어들며 자살을 시도해요.

소문을 내지도 못해요. 건반을 삼킨 총칼들이 아무 이유 없이 음색들을 구타한다는 걸. 비명에 올라탄 부러진 곡조들.

쾅- 쾅- 대는 심장을 보세요. 손가락이 지나는 길을 따라 반복하는 팽창과 수축. 실패한 탈출의 끝에는 고귀한 음도 비루하게 변해요.

훈련소의 싸늘한 허공을 메우며 시들해지는 신음들. 4만 개* 초가 꽂힌 케이크를 나눠 먹어요. 여러 갈래로 찢긴 심장은 무슨 맛이에요?

구타를 기억하는 쇠링 소리에 입술이 쩍쩍 갈라져요. 혀끝에서 음색을 탐하는 맛이 사라졌어요. 먹이를 주면 침 흘리는 개처럼, 잘 훈련된 음들의 긴장과 이완. 사라지지 않는 기억으로 기억하는 일이에요.

음들이 모두 소거된 공백의 무게는 얼마일까요.

그날의 기억들이 시지프스의 돌처럼 무거워요.

---

* 4만 개: 삼청교육대에 끌려온 사람들의 숫자를 대략 4만으로 추정.

시간을 베고 눕다

초록이 번진 캠퍼스가 까치발로 들썩인다

그늘이 쓰러지는 나무 벤치 위
함성으로 지켜낸 그날이 은박지처럼 눈부시다

가시 돋은 운동화가 모여 밤송이처럼 곤두섰던,
피멍 든 계절은 강의실 밖으로 떠돌았다
손수건으로 얼굴을 가린 교문은 기침으로 쿨럭였고
도로마다 길게 늘어선 단단한 결심들
도청 건너 저쪽으로 행진했다

신록의 그늘에 밤꽃 가루 알알이 덮이면
충혈된 눈물을 열고 누군가 내게 말을 건다
당신은, 어디서 푸줏간 냄새가 난다 했고
나는
밤나무 가지에 파편처럼 그날이 비릿하게 박혀 있다 했다

물대포에 익사한 외마디 비명들
고막이 터질 듯
목마름을 외쳐대던 초상이 이명으로 흩어진다

날카로운 오월의 손톱에 찢긴
비린내 절여진 좌절과 그렇다고 멈출 수 없는 노래들,
바람도 직진하는 습관을 멈추고
잠시 유빙처럼 굳는다

해마다 다시 오는 학교 벤치 앞
시간을 길게 베고 누운 밤나무 한 그루,

지금도
비린내 나는
생생한 풍경 혹은 소리

태평양의 여름을 수선하다

그녀를 처음 만난 건 코레히도르* 섬에서였다

폐막사 귀퉁이에 버려진 흰색 저고리가 내게 물었다
여기서 고향까지 거리가 얼마예요?

마드리드 6672, 샌프란시스코 6972, 홍콩 693
박꽃 피는 동네를 알리는 거리표식은 어디에도 없다

그녀를 다시 만난 건
광화문 미 대사관 근처 햇살이 검은 수요일 오후였다

구릿빛 단아함으로 앉아 있는 그녀 주위
젊은이들이 외치는 짜랑짜랑한 구호들이
광장에 모여 있는 군중들을 몇 미터씩 들어 올린다

그 옆으로 피켓 든 할머니
코레히도르의 창백을 헤아린다
마닐라만 공습에 순결이 부러진 맨발로 쫓겼다 했던가

---

*코레히도르 : 필리핀 루손섬 남쪽 마닐라만 입구에 있는 화산섬.

구릿빛 동상 주변으로
지금도 태평양의 골절된 여름이 유령처럼 떠다닌다
온몸이 산미겔 꽃보다 붉던,

숭어의 기억

어시장 좌판에 누운 숭어 한 마리
빨갛다가 하얀, 바람의 빛깔로 비린내를 말리고 있다 당신은
피를 많이 쏟아 정육점 냄새가 난다 했고
나는
밤꽃이 벌어져 바람에 투신하는 소리라 했다

비린내에 킁킁대는 건,
파란 상처가 붉게 터지도록 할퀴고
또 할퀴는 시시포스를 닮은 바람이기도 하다

남쪽에서 불어오는 나른한 해풍에 취해
꾸벅대는 노파의 좌판 위
달팽이관이 터질 듯 목마름을 외치던 함성이 이명으로 누워 있다
그 옆으로 축 늘어진 최루가스 흥건한 젖은 수건 사체들

바람에 익사한 숭어의 딱딱한 비늘을 훑으면
기타줄 튕기는 소리가 나다가 잠시 총소리 같기도 한,
찢어진 귓불에 숨어든 비명들이 견고한 비린내로 쏟아진다

밤꽃 피면 스멀스멀 살아나는
밀물을 동경한 기수역 어귀 그물에 결박된 숭어의 뒷모습,
지방 신문에조차 몇 줄 기사화되지 않았던
그날의 가십들이
견고한 시대에 밀봉되어 일급비밀 인장이 찍혀 있다

해마다 다시 오는 어시장 귀퉁이
포구 근처 오래 살아 비린내 깊게 밴 밤나무 한 그루

간기마저 사라진 앙상한 좌판,

빨갛지도 하얗지도 않은 심심한 바람이
허공에 박제된
숭어를 흔들고 있다

돌아오지 않는 슬픔의 개수
— 안락사

파르르, 몇 그램 치사량에 점령당해 축생의 습관을 내려놓는 송곳니

듬성듬성 머리카락 빠진 마을 입구에는
떠나지 못하는 유년이 엎질러진다
잘 길러진 휘파람을 끼우던 청각이 먼저 자리를 뜨고
판자촌 헐렁한 쇄골 아래 갇힌 달빛, 조등처럼 창백하다
검은 콘크리트 가루를 상복으로 입은 바람만
조문객 없는 빈소를 지킨다

오래된 느티나무 그늘까지 휘감던 왁자지껄은 사라진 지 오래
면사무소 서류에 찍힌 지문들, 하나둘 사라진다
허리가 구부정한 도시의 그림자는 미소를 닫았고
신생아 울음소리도 바람을 등진 이명일 수밖에

굴삭기로 파헤쳐진 키 낮은 마을의 민낯은
마지막 속옷 같은 수줍음을 띠다가도
철거민의 한숨이 잠긴 아쉬운 동거가 되고
어둠을 먹으면 다시, 시치미를 삼킨 석장승이 된다

창공에서 두 팔 벌린 타워크레인이
마을의 내장을 후비기 시작하면
소꿉장난 같은 집 주인들의 허락 아닌 허락된 지문을 빌어 시작되는
안락사,
크레인의 촉수가 땅속 깊이 박힌 느티나무의 심장에 가까워질수록
돌아오지 않는 슬픔을 삼킨 휘파람 소리는 멀어져 갔다
천둥 같은 초침 소리가 저승 입구를 서성이고
밤하늘 저편 주삿바늘 같은 삭정이가 날카롭게 파고들자
황혼의 스러지는 잔불을 따라 호흡마저 부러진 도시
서서히 눈을 감는다

손님 하나 없는 동네 앞 편의점 TV에서는
주택시장 안정을 위해 신도시 개발을 확대하겠다는 뉴스가 나오고 있다

고래의 한숨

아직도 마법을 믿니?
부처의 두 귀보다 커져버린 네모 세계를 봐
아프리카 어느 사막이 불면처럼 떠다니다
소리와 흔적마저 고스란히 지우고 잠이 든
전갈의 위로는 어때
검정 폐기봉투에 억지로 구겨 넣은
벽시계는 알고 있어
퇴직 선물로 받은 한숨이 봄을 맞는 고드름처럼,
한적한 공원의 벤치를 덥고 사는
노숙의 등줄기엔
색 바랜 후회가 길을 잃고 서 있어
알파벳 찌그러진 키보드 위에서
희미하게 빛을 내는 오래된 블로그
무슨 이유인지 모르겠어
답장 없는 스팸처럼 어느 순간부터 닮아가고 있어
그래도 난 마법을 믿어
고래의 숨으로 뿜기는 한줄기 한숨이면 어때
모두가 찾고 있는 내일은
방임에 찔려 잠이 든

오동나무 속 네모난 안식
이따금 천둥이 치고 비가 내리면
위안이 될 거야
네모난 모습들
소리들

써니 사이드 업*

안으로만 견고했던 세상

툭- 툭- 천둥이 울면 세상이 활짝 열릴 거야
누구든 처음부터 살의를 원치 않아

우리 사이가 겁이 나
다 타 버릴까 다 버릴까 버려질까
무너지기 전 기다림의 긴장이 더 버거워

깨어날 수 없거나
한 발짝 내딛지 못하더라도
상처가 되진 말자
서른 개의 버려진 무정란
모판처럼 촘촘히 박혀 있는 대립과 균형,
누구나 누구에게
잠깐의 미열 같은 것

한때는
샐러리맨의 퇴근에 맞춰 춤추던 불꽃들

---

* 써니 사이드 업(Sunny side up): 한쪽만 지진 반숙의 달걀 후라이.

휘파람을 불어 줘
먼지 쌓인 오래된 노트북이
퇴직신고도 없이 사라진 주인을 기다리고 있어

조심스레
노을을 익힌다 생각하자
실직의 인내까지 다 타 버릴까 다 버릴까 버려질까
서두르다간 동그란 심장이 터질 수도 있어

아직은 아무도 모르는 거야
은퇴한 뒤 편 그림자로 숨겨 둔 반쪽

그 맛이 기막힐 수 있는 법이거든

4부

산란

봄이면
장대비처럼 우둑대는 몸 푸는 소리들,

살아나는 물결도
나무와 산 그림자를 수면에 쏟아낸다
부들 곳곳 상처로 남은 난산의 기록들
허리가 꺾인 채 바람에 달랑인다

마니산 산자락 꽃샘추위에
물오른 봄밤이 부르르- 떨던 날
뒷방에서 어머니는 나를 출산했다

장사는 거르는 거 아니라며
산후조리 미룬 어판장 저잣거리
갓난아이 젖 보채는 울음소리
끊이질 않고

어머니 육신이 골골하는 건
꽃샘 때문인지
그날의 난산 때문인지

보문사길 개나리 꽃봉오리 검붉게 틔우면
오래된 기억을 출산하듯
부들이 바람에 떤다

연골을 빨아먹으며
뱃속에서 꼼지락거렸던 오래된 내 기억들
어머니 쪼그라진 무릎에
바람이 난다

달과 구슬, 택시 운전사

울음이 출렁거리는 밤하늘, 밤바다에는 박쥐처럼 매달린 동굴이 있어요. 별이 사라진 밤이면 둥근 입구가 열려요. 한 달에 한 번 허공에서 밀물이 되지 못한 커다란 동공들. 자전거로 건너다보면 터널증후군이 생각나요. 온종일 운전대를 돌리는 부르튼 손목들.

골목에서 동심을 굴리던 왕구슬만큼 늠름한 것을 본 적 있나요. 지친 해가 서녘 끝으로 주저앉을 때까지 엄마의 부름은 스밀 틈조차 없어요. 도르륵, 왕구슬이 수챗구멍으로 사라졌어요. 눈부신 방과 후를 단숨에 삼킨 블랙홀 앞에서, 으앙 울음을 터트려요. 어둠은 빛을 기르는 성장통인 걸 그날 인식했죠.

별을 머리에 이고 달을 어깨에 지며 아버지는 단단하고 억센 원을 굴렸어요. 금정산을 받치는 아스팔트 배수로에 잘 마른 헛기침이 차곡차곡 쌓이면, 트고 갈라진 손으로 무거운 삶을 택시에 싣고 달렸죠.

낡고 찌그러진 동굴 가득, 막걸리를 채우고 노래를 부르는 아버지. 요금 미터기를 꺾을 때 제일 신난다 했어요. 왕구슬의 실종만큼 굳은 마디가 되어 버린 아버지 손가락 굳은살들. 어쩌면 달력 속 날짜들이 죄다 죽어서 생긴 무덤이에요.

암막 커튼 사이로 출렁이는 밤바다를 올려다봐요. 보이지 않는다고 소멸된 것은 아니죠. 동굴의 입구가 막힌 밤하늘 아니 바다에는 희끗희끗한 수염 달린 왕구슬이 주인을 찾고 있어요. 굽을 대로 굽은 등은 얼마나 더 저물어야, 어린 골목을 저 동굴에서 꺼낼 수 있을까요.

이 밤 둥근 마법으로 풀려 난 당신이 그때의 소년으로 전송됩니다.

반질거림을 닦다

쑥 한 움큼 쥐고 물안경을 닦는다

어머니는
물안경을 통해 바다를 길어
일곱 아이를 길렀다

이번 주말이 할머니 기일이라고
어머니에게 전화가 왔다

오래전 할머니는 갓 시집온 어머니를
징글맞게 괴롭혔다 들었다

그나저나 어머니는
며칠 전부터 제수 준비 한창이다

- 나는 회사 때문에 제사 참석 못하니깐 말씀 잘 드려
  그리고 제사 음식 좀 간단히 차리라 해
  시집살이 고생하셨다면서 왜 그리 정성을 쏟는지……
  며느리인 나도 이해가 안 돼

반질거리는 아내의 잔소리가
어머니 굽은 허리에 얹혀,

한 여인의 굴곡진 인생을
지긋이 누른다

복숭아

초유를 물리던 그날처럼
갓 쪄낸 술빵 뭉치들이 주렁주렁 걸린
복숭아나무 아래 바람을 베고 눕는다

파란 하늘을 한 입 베어 물면
복숭아 시럽이 뚝 뚝 떨어질 거 같아
0.1g의 솜털에도 젖은 기침이 저절로 열리는 아침,

투전판을 무겁게 짓누르던 담배 연기처럼
하룻밤새 허공으로 흩어진
우리집 과수원

어머니는 주인 바뀐 과수원에서
땀 젖은 머릿수건을 하루 종일 둘렀다
아버지가 노름으로 날린 과수원의 품삯 호미질보다
더 홍건한 원망을 밤새 잠꼬대처럼 내뱉으며,

한때는 희망 한때는 달콤함 한때는 원망
그렁그렁 달린 복숭아들
올해도 어머니 한을 먹고 탐스럽게 달렸다

그럴수록 복숭아나무 그늘 한쪽에는
배배 엮인 미움들이
아버지를 멍에처럼 끼우고 벗기고, 또 끼우곤 했다

달콤한 복사꽃 향기로 젖을 빨던
아이의 까만 눈동자로 익히던
복사꽃 환한 밤

어쩌면
잃어버린 시간처럼 껍질을 벗겨선 안 되는
복숭아처럼,

치킨과 악마

1.
맛있는 치킨을 사주셔서 고맙습니다
근데 아빠,
아빠는 월급이 얼마예요?
우와 그렇게나 많아요 매일 매일 치킨 먹어도 되겠어요
깔. 깔. 깔.
수퍼맨의 얼굴에도 미소가 한아름 번집니다

2.
아버지 어깨엔 초원이 얹혀 있다
어깨 위에 집채만 한 희망의 코끼리가 살고
긴 몸 둘둘 말고 있는 구렁이의 근심도 산다
언제부터
바람이 휘어지고 먹구름 끼는 날이 늘어간다

3.
돈, 너 때문이야

엄마 아빠 싸우는 이유
어두운 반지하에선 고함 소리 더 크게 울리고
침울하게 살아 있는 불행의 화신
점점 반지하 어둠을 닮아간다

4.
술만 마시면 살아나는 괴물
두려운 밤
벌벌 떨며 숨죽인 여린 꽃술
뒷방 구석 불도 끈 채
여물지 않은 꽃봉오리 떨어지지 않게
무서운 바람 앞에 홀로 선 어머니
알몸 병풍이 된다

5.
어머니 어디 편찮으세요
목소리가 안 좋으시네요?

아이다 아무 꺼도 아인데 아부지가 가실 거 같다
죽어야만 사라질 것 같았던 괴물 하나
걷지도 못하고 소리도 없이
요양원 침상에 껍질만 유지한 채 눈만 껌뻑댄다
어머니는 휜 등을 구부린 채 아버지 손을 꼭 잡고,
아버지 처음 만난 날
철없던 그때 소녀로 변해 있다

6.
우리 집 마당에서
본정통 술도가 신작로까지
신발이 신나게 걷는다
아버지를 태우고 세상을 태우고
술 한 잔 태우러 가는 길,
어느 날부터 아버지 신발이 신발장에 가지런하다
더 이상 신발이 움직이지 않는다
좋아하던 술도가도 끊은 지 오래

신발에 먼지만 뿌옇다

찰칵, B612*

쉽게 셔터를 누르지 마세요
사진 속에 멈춰있는 것처럼
아니 당신이
당신 아닌 것처럼
단정짓지 마세요

당신은
어린 왕자의 예쁜 신부
카메라의 혀가 바람을 음미하듯

할머니, 이쪽을 보세요
미간 사이로 거나한 일몰이 쏟아져요

여우 같은 년, 어디다 꼬리를 쳐!
할머니가 간호사를 향해 손가락질을 해요

찰칵-
살아 있는 영정의 화려한 순간들

* B-612: 어린 왕자의 소행성이며 한국이 만든 셀카 어플의 이름이기도 함.

요양원 서쪽 하늘
검은 석양이 병풍처럼 펼쳐져요
여기 와서 창밖을 보세요
정원 가로수길 아래
어린 왕자와 여인이 팔짱을 끼고 정답게 걸어가요
앨범 속 웨딩 사진처럼,

간호사들이
SNS에 아름다운 동화를 올려요
좋아요- 가
요양원 지붕 위로 둥둥 떠다녀요

염殮

정갈하게 누워
지쳐서 쉬고 있는 천사를 본다

처진 가슴 옆
유치乳齒 자국 두 개
뱃살 근처
지네 닮은 빗살무늬 찰과상,

질서 없이 배열된 주름진 고랑 사이
엉망으로 성숙된 살점을 보라
그래도 피붙이라
서로들 정겹게 부비며 산다

엔딩 시간에 맞춰 소각되는 기억들
지네 무늬 상처가 생긴 날
우리, 라는 상처 더 아플 수밖에

구설에는 너무 짧고 심심한 동화라고
혀들 차대겠지만

보라
치흔齒痕 품은 복숭아 젖꼭지 아래
여전히 싱싱한 내일이
춤추지 않는가

차가운 알몸
마지막 뜨거운 눈물
한 벌,

흥건히 입힌다

스캔, 일가의 내력

MRI 처음 해보시나요? 숨을 마시라 할 때 마시고, 뱉어라 할 때는 크게 호흡하세요 그리고 숨 참으세요 라고 하면 5초 정도만 숨을 참으면 됩니다.

윙- 위잉- 기계가 돌아가며 전신을 스캔한다. 초정밀 카메라가 전두엽의 잠재된 기억을 자른다. 서서히 살아나는 스크린. 용문산 기슭 나뭇잎으로 아랫도리를 가린 남자(DNA상 김씨 조상으로 추정)가 돌창을 들고 멧돼지를 쫓는다. 살려고 죽어라 달리는 산돼지. 굶어 죽지 않으려면 잡아야만 하는 남자.

숨을 길게 마시고, 참으세요.

할아버지 닮은 젊은 남자가 약초를 캐며 산을 휘젓고 다닌다. 집 나오면 짧아야 보름. 운 좋은 날엔 산삼을 만나기도 한다. 그런 날이면 쌀 두어 섬 짊어지고 귀가하던 발걸음이 가볍다. 어느 날 남자는 키 작고 까무잡잡한 처녀 하나를 데리고 왔다. 그 날 이후 약초꾼 김씨는 아내가 둘이 되었다.

다시, 숨을 길게 마시고 길게 뱉으세요.

아버지는 산에 미친 아버지가 싫었다. 엄마가 둘인 것도 싫었다. 이후 산으로는 머리를 돌리지 않았다. 아버지는 바다에서 물고기 잡는 그물을 펼친다. 집에는 생선비린내 그렁하다. 아들놈 법과대학 마치고 검정가운 입는 게 아버지의 유일한 소원이다.

이제 마지막으로 한 번만 더 할게요 숨을 길게 마시고 참으세요.

나는 지방대학을 졸업한 중소기업 샐러리맨이다. 대기업에도 수십 번 낙방했다. 결혼도 싫고 자식도 필요 없다. 아버지처럼 아등바등 살아야 할 이유도 없다. 인생은 하고 싶은 거 하며 사는 거다. 시간 좋으면 산으로 여행을 가고 날씨 좋으면 바다로 낚시를 간다.

고생하셨어요 이제 내려 오시면 됩니다.

MRI 세부 결과는 나와 봐야 알지만 크게 나빠 보이는 부분은 없습니다.

바람 박제

그리움을 심장에 가둔 적 있나요. 아무렇지도 않게 떠나보내려 해도 존재의 흔적까지 지울 순 없어요. 눈을 감아요. 캄캄한 심장을 뚫고 무언가가 만져져요. 내 그늘진 안쪽에 살고 있는 가늘고도 질긴 당신의 잔뿌리들. 시도 때도 없이 기억의 심장을 찌릅니다.

늦은 가을 바람이 내 온몸을 타고 돕니다. 두 팔을 벌려 당신을 느껴봅니다. 바람의 속살이 되어 살고 있는 당신. 해마다 잊지 않고 다시 오는 계절은 가끔은 따사로운 햇살에 굽은 허리 들썩거리지만, 당신의 굴곡진 사랑은 저 검은 구름 사이에서도 여전히 모질고 단단합니다.

두 팔 벌려 당신을 안아봅니다. 당신은 온 촉수를 열어 내 체적을 훑어 내립니다. 한 줄기 바람이 내 몸을 강물처럼 지나갑니다. 강이 사라지는 밤하늘 저쪽에 당신이 수놓던 자수 닮은 은하수 길이 열립니다. 나는 한참을 밤의 심장으로 쏟아지는 별빛을 바라봅니다.

울적한 겨울밤의 절반은 잿더미 같은 후회들입니다. 당신, 어느새 나를 알아보고 내 몸 구석구석을 비비며 돌아 납니다. 텅 빈 계절의 초입, 내 가슴을 알알이 채우는 그리움의 온도는 여전히 삼십칠 도 오 분.

동백꽃 지고 개나리 피고 수박꽃 향기를 따라 플라타너스 이파리마저 보도블록에서 사라지고 나면 부끄러운 중년의 사내가 휘청거립니다. 당신을 기억하는 아름다운 시간들이 윤슬처럼 부서져 나갈 때, 나도 이제 곧 당신 있는 곳으로 가야 할 때가 다가옴을 느낍니다.

당신은 때 이른 봄을 데리고 와 내 앞에 던져 놓습니다. 당신의 바람처럼 제게도 다시 새봄이 올까요? 방부 되지 않은 당신과의 기억을 모으고 또 모읍니다.

산들거리는 봄바람이 웅크린 곳에, 당신과 나를 영원히 박제하고자 합니다.

붉은 독백

늦은 조문을 간다
축축한 밤길,
화려한 네온사인이 검정으로 출렁인다

영정 아래 목이 잘린 국화들이
투명한 울음을 쏟아낸다

인연을 압축한 마지막 큰절 두 번
붉어진 눈인사를 밟고 사진에서 걸어 나온 저 미소,
너도 조심하라며 걱정하는 목소리
여전히 카랑카랑하다

입만 열면 허세이던 그가 스스로 먼 길을 재촉했다
생전에 장만했던 잔디 깔린 전원주택 대신
몸에 딱 맞는 한 생애가 오동 향기로 덮였다

이승의 여백은 명치끝에 몰려
밀봉했던 눅눅한 신음들이 가슴 언저리에서 쏟아진다

닥쳐올 망각들이 백색 침묵을 둘러메고
서서히 떠날 채비를 한다
빈소를 몇 바퀴나 돌고 있는
향불 연기가
아까부터 몇 가락 슬픔을 읊조리고 있다

견디고 견뎌도
굳은살이 생기지 않는 예법
엎드린 국화의 비명보다 붉을 독백 저 끝,
누군가 내민 담배 한 개비가
지상의 마지막 시간을 화장한다

이런 아름다움 들게 하소서
— 사랑하는 아들에게

살아가면서 만나게 될 수많은 역경에도
까짓 거 정도로 털어내는 하늘처럼 광활한 용기를 주소서

무서움과 두려움이 앞을 막아도
아들 앞에서는 언제나 꿋꿋했던 어머니의 아낌없는 무모함을 기억 하소서

무력 앞에 비겁하지 않은 용기를, 강한 자에게는 낭만 같은 여유를
약자에겐 망설임 없는 관용을 허락 하소서

가난한 이에게는 나눌 줄 아는 넉넉함을
나누기 위해서는 모을 줄 아는 지혜를 가지게 하소서

세상을 배울 때는 냉철한 이성으로, 친구를 사귈 때는 뜨거운 감성으로
겉만 화려하기보다 속으로 열정이 들게 하소서

잦은 바람에도 흔들림 없는 대지의 위대한 희망을 간직하고

속으로는 쉼 없는 물살을 만들면서 겉으로는 의연한 바다의 안정을 들게 하소서

사랑을 함에서는 큐피트의 운명으로 미치게 하고 외모나 배경의 겉모습보다
내면의 아름다움을 볼 수 있는 직관이 여물게 하소서

형에게는 무한한 존경을
아우에게는 너그러운 자애를,

두 사람이 서로 보지 못할 마지막 그 날까지
같이 자고 같이 놀고 같이 웃던, 그 아련한 기억의 끈을 놓지 마소서

세상에서 단 하나뿐인 오직 그대만이
행복하고 아름다운 우리 가정의 영원한 미래와 희망임을 기억 하소서

돌덩이의 기억

그날은 하늘에서 돌덩이가
우박처럼 내 심장에 들어앉았다

돌덩이는, 잠시 숨을 고르더니
하늘의 은둔을 속삭였다

네 가슴에 사는 모든 게 바로 하늘이야

바람으로 전해오는 돌멩이의 전설,
잃어버린 기억에서 그나마 생생한 몇 개를 끄집어냈다
기억되어 기억으로 남겨지고
기억되기 싫어 애써 남의 기억으로 살아가거나,
기억 잃은 망각들이
내 기억에서 죽어가는 밤

눈을 감고
다시 눈을 뜨고 다시 내 눈으로 쓰러지고
눈을 감고 잠시 눈을 다시 뜨고
당신이 내 눈을 피한 순간

숨이 멈춘 돌덩이
숨이 멈춘 나
생각할 겨를 없이
생각나는 대로 돌덩이를 파묻었다

너도 나도 아닌
한 개인지 아니면 두 겹인지
그도 아니면 달밤에만 그림자로 보였던,

무거운 돌덩이가
가루로 뿌려지던

언제부턴가 돌덩이보다 더
무겁고 우울해진

기억들이
오늘밤 나를 누른다

5부

계절의 간병인

가을이 홀쭉해지면 실어증에 빠집니다
심장을 보관할 뿔이 없는 난,
출구가 될 수 없어요
나는 형체 없이 투명하지만
가끔은 사막 한가운데 소리로 체적을 그립니다

파마머리처럼 풍성한 뿔과 신체 곳곳을 장식하는 파란들
바람의 어깨 위 견장이 늠름해요
밤이 잠긴 피라미드의 발목에서
숨,
하나하나를 닦아 냅니다
이럴 때면 고민이 돼요
난
계절의 손발을 닦아 주는 간병인이었을까

헝클어진 뿔을 손질하는 손바닥
손금이 없어요

햇빛에 데여 가렵다고 불평하는 가로수

입술 주위를 팔랑팔랑 긁어 줍니다
노란 각질이 벌레처럼 쏟아져요
마른 강변을 따라 계절의 주검들이 서 있어요

헝클어진 뿔들과 색깔 바랜 견장
살랑살랑 흘러내린 모래알까지 모두 내려놓은 맨몸,
앙상한 가슴의 전라全裸가 빛나요
이럴 땐 씨앗 한줌을 겨드랑이에 끼고서
느린 산책 어때요?

떨어져 나간 손가락을 봉합해요
봄이 오면,

색·계

하얀 교복 셔츠를 두른 까까머리가 교정에 촘촘히 박혀 있다. 삼월의 노곤함에 점령당한 교실에는 어질러진 휴식들이 졸음을 즐긴다. 내일을 잔뜩 담은 주머니에선 심박수가 솟구치고 단어장을 드나들던 무수한 콩콩거림들, 한 폭의 수채화로 내려앉는다. 콘크리트 이마에 훈장으로 반짝이는 금빛 교시처럼 학교는 늘 훈수를 다듬는다. 남강변을 걷다가 분실한 흰 손수건을 우리는 첫사랑이라 부른다.

촉석루에 활짝 핀 우정은 서로를 붉게 옭아매며 튼실해져 간다. 상반기 기말고사와 여름방학을 노래하던 학생들의 형식은 음계를 자주 이탈한다. 사춘기를 물들이던 여름밤 막걸리 주전자 속에는 영화관이나 다방 근처보다 귀촉도가 더 먼저 들어앉는다. 뒤벼리 가로수 돌벤치에 누우면 어디선가 들려오는 낙화하는 장미의 속삭임들.

소슬바람에 녹아내린 노란 은행잎이 매일 밤마다 교정으로 떨어진다. 그 시절 우리들의 마지막 의리는 들판 어디서나 참새 떼처럼 내려앉곤 한다. 남강에 황룡을 띄우던 개천예술제 오프닝 밤. 의암에 가부좌를 틀고 있는 논개를 흠모하던 우리는 노랗게 빛나던 유등을 따라 어디론가 흘러가야 할 때임을 깨닫는다.

수능일은 달력 속에서부터 검게 얼어붙기 시작한다. 그럴수록 캄캄해져 가는 참고서를 향해 육두문자를 날리며 서로의 우정을 확인한다. 사춘기 마지막 염문을 잃어버린 학교 정문 앞 파리채 크기의 슈퍼 평상에는 검게 그을린 막걸리 빈 병들이 뒹군다. 늙은 교정도 그해 겨울이 지나기 전 혁신지구 개발이라는 이름으로 포클레인 삽 속에서 영면에 든다.

'사회성이 좋고 명랑 쾌활하지만 수업 태도가 다소 산만함'

그때의 가정통신문처럼 내게 던지는 아내의 회색빛 푸념이 요즘 들어 점점 무거움을 더한다. 오늘도 난 학교 앞 수퍼 파라솔 밑에서 청춘이 녹아든 걸쭉한 막걸리 한잔을 기울인다.

오늘이 바람처럼

침묵마저 잠든 숲속
어둑새벽이 환복을 시작해요
달궈진 여명을 누르며 아침이 이마를 내밀어요
한 발
두 발 단두대로 비상하는 이슬의 날개짓

간밤의 뒤꿈치에 어제를 눌러 담고
아침의 이마에서 오늘을 끄집어내요
동사凍死의 공포에 떨었던 허름한 연립주택,
수도꼭지를 돌리면 녹슨 배관을 타고 아침이 흘러요

현실은 쓴 맛들 천지에요
비상하는 이자율,
베란다 난간에는 근심이 매달려요
별안간 올라버린 월세를 머리에 이고
어디로 가야 하나

도심에는 아침이 바쁜 무수한 발걸음이 스쳐가지만
밤새 취한 골목에는 노숙의 한숨이 그득해요

급전 전단이 직장인이나 프리랜서,
소규모 자영업자를 유혹하지만
꽤나 무거운 서류와 어쩌면 목숨까지 담보 잡기도 하죠

이럴 땐
파아란 숲으로 가야 해요
얼음장 같은 어제를 녹이고 싱싱한 내일을 음미하세요
일상을 쪼그라뜨린 바깥은 잊으세요
초록의 심장을 열고 오세요

오늘이 바람처럼,
가벼워져요

가을을 마시다

노을이 드러눕는 서쪽 하늘
바람 타고 숨어드는 앙상한 회상,
훔치고 싶다

다시 오는 가을
바람을 음미하는 감이 예리하다

잊혀진 죽음과 익숙했던 흔적들
석연치 않는 여름의 실종이 수면 위로 떠올랐다

때를 맞춘 강,
윤슬이 튄다 피라미도 튄다
온통 빛으로 반짝이는 강의 말[言]들
가을이 반짝거린다

저 천변 꽃도
한때 호랑이였다
아니 쏘가리였던가

어홍, 소리와 함께
말문을 연다
쏘가리 포효에 놀란 피라미들
허공에 머리를 찧는다

가을, 저 강이 튄다
바람이 탄다

루시드의 시간
— 쇼팽의 녹턴를 들으며

달빛이 호수를 자른다
자작나무숲 수많은 뿔들이 머리카락처럼 잘려나가고
새벽의 배후가 낡은 로브처럼 허물어진다

살롱 건너 저 불빛을 타고 가까워지는
이국의 건반 소리
맹독성 비수를 꽂듯 들뜬 밤이 다가온다
희고도 검은 꿈 속
살아나는 음계를 타고 우드 무늬 액자에서 쇼팽이 걸어 나온다

머리 잘린 뿔들이 익사하는 밤
루시드의 시간이 더 선명해진다
마요르카섬에서 손등에 입 맞추던 여자와
지중해 만삭의 달을 삼킨 호수의 수면이 일치하지 않는다
노을을 물고 날아오르는 새 떼를 보며
레코드판처럼 기다림을 닦던 그녀는 행복했을까

음들의 시체로 소거된 호숫가

예감 밖에서 서성이던 심장은
가끔 달을 삼킨 호수나 호수를 삼킨 밤에게 묻곤 했다
건반을 부수고 음계를 따라 사라졌던
그녀,

다시 돌아올까?
황혼 이혼 후 잠이 오지 않을 때면
무선청소기를 돌린다

시끄러운 모터 소리에 숨어
검정 슈트 쇼팽이 피아노 속으로 걸어가고

거실 가장자리까지 파고드는 검고 흰 것들의 파르티잔

머리에 꽃을 단 여인과 춤을 추며
머리가 희끗희끗해진 남자가
한 음
한 음 살아난다

수은등으로 쏟아지다

1.
수은등 아래 플라맹고를 추는 여인
이집트 사막의 달과 별
머리에 인 채 마지막 여정이 춤으로 쏟아진다

나는 살아있다
소리치기 위해 추는 춤

휘날리는 검정 원피스
펄럭이는 바람
커지는 기타소리 빨라지는 템포

두 발은 리듬을 타고 열정은 땀꽃을 피우며
수은등 은은한 빛으로 빨려든다

2.
십자군 원정길 내륙 저편
내륙의 내륙, 더한 대륙으로 세기의 역사가

올리브 나무에 걸린다

죽은 자들의 넋을 위로하는
등 뒤로, 돌아오지 못한 병사가
그림자 유령으로 지나간다

무슨 말이 필요할까
세상에 길러진 한 마리 짐승
발버둥치는 껍질 서걱거려 서러울 뿐

피의 역사를 알고서야
느껴지는,
자유 그리고 해방
폐유처럼 빽빽한 낭만의 찌꺼기

3.
톨레도 성곽 아래

바람으로 눕는다 몰래 오는 애인
아-
아름다운 사육의 습관

보라
노을을 삼키고 어둠을 뱉어내는
반성의 뭉치를,
새의 마지막 노래를 잠재우는 올리브 숲
이따금씩
뉴스로 접하는 역사들

수은등 불빛으로 쏟아진다

학계 뜨거운 관심이 쏟아졌다
— 외치*

보이세요 엄마 검은 하늘이 수상해요

두드리지도 않았는데 물길이 열려요 아세요?
오래전 엄마의 부드러운 전설을 빨 때마다 노래가 들렸어요
숨소리는 나뭇잎처럼 얇게 펴면 귀가 되곤 했죠
누군가 거대한, 이라고 외치자 일제히 물구나무서던 잿빛 산
끝내 갇혀버린 나의 마지막 잠
바위를 깨물어본 적 있나요 그때는 꼭 맨발이어야 하죠
어깨처럼 반쯤 흘러내린, 비와 바람은 제발 놔두세요 아니
아니 멧돼지 말고요
그렇다고 소리의 지느러미를 꺼내 먹진 않잖아요
보이세요 엄마 산이 헤엄쳐요
사냥감을 풀 위에 내려놓고 물 밑에 장대를 담그면 거기,
범선처럼 거대한 주파수가 꼬리쳐요
그날 반쯤 마른 토기 안에 별들이 수북했어요
밤하늘을 헤엄치던 어골문** 지느러미 달린 검은 산
호랑이, 사슴, 멧돼지는 알죠 바위 속에도 오솔길이 있다
는 걸

---

* 외치(Oetzi) : 석기시대 미라의 이름. 역사상 가장 오래된 인간 미라.
** 어골문 : 토기 표면에 새긴 물고기의 뼈와 같은 무늬. 빗살무늬.

호피를 두른 아이가 벽을 열고 집으로 가요
시간을 닫으면 안쪽에 커다란 바다가 있어요
고래 등에 올라탄 작은 발가락은 넓적한 휴식이에요
따뜻한 바람, 처음 보는 곤충들, 애벌레 등에 업혀 조금씩 기어가는 햇살
눈썹과 턱이 과묵한 나뭇잎으로 음부를 가린 여자가 노래에 흙을 버무려요
늑대 울음이 돌아올 시간, 토기를 만들까요
그늘에서 잘 말리면 타잔의 함성을 담아두기 딱이죠
눈을 감고 물, 하면 담수가 되는 들판 올리브나무가 가오리처럼 날아올라요
지난밤 내 안으로 추락한 해안선 모래펄이 넘실대요
몰랐어요? 내 꿈이 추장이라는 걸
깔.깔.깔
새순 같은 웃음이 앞니 빠진 설탕보다 달아요

이런! 돌도끼가 몰려와요 언덕을 재빨리 부위별로 나눠요
- 엄마 눈을 감으면 지금도

암각화를 믿지 않는 엄마가 보여요 짐승 가죽을 입고 사라진 아이를 찾아

메머드보다 느린 속도로 유영하는 엄마

- 머리맡에 피리를 둘게요
- 그날 우리는 사슴을 덮고 모닥불을 피웠어요 곡물과 순록을 먹었죠

들판에서 아버지가 주신 마른 늑대를 입고 잠깐 눈을 붙였을 거예요

나는 대체 얼마 동안 잠을 잔 걸까요

- 엄마, 아니에요 모두가 사라지는 건

바람이 도착했어요 일만 년 전 들판을 가로질러 내게

- 이젠 눈을 감지 않아도 달이 뜨는 엄마, 내 정강이에서 피리 소리 들려요
- 어제는 내 눈알 속으로 바오바브나무 씨앗이 이사를 왔어요

윙- 윙-
가락 바퀴에 그날의 졸음이 아직도 실처럼 감겨요

- 이봐, 3지구 발굴허가 나왔어? 지질조사 결과는?
- 기자 양반, 거기 선 안으로 들어가면 안 된다니까! 빨리 나와요.
- 가장 중요한 것은 트라울*이 아닙니다. 제군들의 손이 진짜 발굴 도구죠.

* 트라울: 작은 흙손 형태의 문화재 발굴 도구.

핫빗*

S대학병원 산부인과 진료실 밖 소나무가 만삭의 계절을 품었다
상담 테이블 모니터에는 초음파 사진이 눈을 깜빡인다
의사는 걱정하는 표정으로 입을 열었다

- 아기가 심장이 약해서, 정상 성장이 힘들거나 어른이 돼도 임신을 못할 겁니다

내 슬픈 운명을, 앳된 임신부에게 통보했다

이곳 부산역을 출발하여 수서역까지 두 시간 삼십 분이 소요되어……
안내원의 낭랑한 목소리에 조급한 상경이 속도를 억누르고 있다
잠시 후 서울을 향해 질주하는 열차
바람 뚫린 구멍으로 조각난 시간이 파편으로 날아든다

엉겁결에 학생 신분으로 나를 가진 어린 엄마는

* 핫빗: heart beat. 심장박동.

내가 중학생이던 어느 여름,
하늘을 열고 더 이상 아프지 않는 별이 되었다

창밖으로 예보도 없던 비가 퍼붓는다
차창에 오래된 그녀가 익숙한 지문으로 흘러내리고
내 불편한 심장에 마른천둥이 친다

- 축하합니다 5주 되셨네요
  30년 의사생활 중 이런 기적은 처음 봅니다

산부인과 진료실 초음파 사진 속
쿵. 쿠웅- 새 심장이 생명을 뿜는다

진료실을 나와 보니
누군가 다녀갔는지 병원 현관 창문에 빗물이 흥건하다
간호사들은 그것을,
아기를 지키는 작달비라 웅성거렸다

토막의 정석

도마에서 묵은지를 썬다
요리사에 따라 삼등분이나 사등분하지만
그날 기분에 따라 달라지기도 한다

도마에서, 고등어를 토막 낸다
보통은 세 토막이 정석이다
머리 몸 꼬리로 나누어진다고 기억이 기억하고 있으니까

김치나 물고기나 이미 죽었다 생각하지만
드러누운 채 사방을 경계하는 중
지금도 밭고랑에 도마의 가부좌를 앉히면
푸른 잎사귀 울창할 형세다
바다가 도마를 덮치면
지느러미로 몸을 일으켜 천 년 유영을 살릴 기세다

도마 위에서는 누구나 토막이 된다
땅의 단단한 미간만 찾아다닌 배추의 발바닥이 융기하고
허공을 노려보는 고등어 눈동자
밤 별 나무 호수
그리고 바다의 심장이 들어있다

도마를 살- 살- 두드린다
도마 위에서 사라져간 기억의 기억을 토막 내고
전혀 해당되지 않을 것 같은 도마의 과거를 토막 내고
도마 위 토막들이 살아난다

너풀대는 생명으로 환생한 배추들이
고샅길을 따라 뒤뚱 걸어가고
갓 살아난 파도를 따라 고등어 무리
집채만 한 꼬리를 흔든다

도마 위
고등어의 핏기 어린 눈동자로
저마다의 생이 빨려 들어간다

그라나다의 기억을 훑다
— 마드리드행 비행기 안에서 김수영 시집을 읽고

스페인 여행길에서 그를 만났다

어떤 이는 그를 천재라 하고
다른 이는 마누라 패는 잡놈이라 했다

해골 밭을 뒹구는 화약 냄새
전쟁터의 사랑은 뻑뻑하다
뻑뻑함이 더해 거칠다
여간 거친 게 아니라 고약하다

고약한 건 그만의 사랑법이라지
기타의 음률에 출렁이는 알함브라 궁전을 보라
핑크빛 노을이 플라맹고 리듬을 퉁기면
집시들의 사랑이 아주리 빛으로 물든다

거제도 근처 수용소에서
역사의 이름으로 포로로 살다간,

눈물로 뜯어낸 시 한 줄

설움이 터진다

태양의 축제가 올리브 향기로 출렁이는 밤
그 때가 딱 플라맹고 실루엣이
빛나는 별이 되는,

스페인 여행길에서 그를 만났다

처음부터 다시
사랑이라는 발음을 연습해야겠다

무딘 손, 한 번 더
— 인텔 인사이드 2012년産

딱 십 년을 동거했다

첫눈에 좋아 죽어서도 아니었고
그냥 그러려니 살게 됐다
처음엔 어색하다가 시간 지나면서 고만고만하다가
우물쭈물하는 새 정이 들고
또그렇게 만지고 느끼고 교감하고
그러다가 잠시라도 안 보면 다시 보고 싶고,

120도 굽은 허리 편하게 접어볼 새도 없이
몸에 문신처럼 새겨진 자모음들 색이 바래지고
내 눈을 바라보던 당신의 빛나던 얼굴
점점 침침해져 간다

옆집에는
뉴그래픽으로 치장한 새댁이 들어왔다는데
당신의 플러그는 낡았고
생각하고 기억하고 표현하는 속도는 무뎌져만 가고

동거의 끝에 선 여윈 이별
마지막 숨을 말아 쉰다

서서히 눈꺼풀이 닫히고……

잘 가라 멀리 못 나간다
한 번 더 만져 보고

아쉬워,

관棺 같은 헌 박스에
무딘 손 한 번 더 얹어 보고

2022년 12월 12일자로 해촉합니다

수평선 너머 여명 무리들 속
각자의 소굴에서
각자의 길을 나서는 일개미들

붉게 핀
아침의 이마로 출근카드를 날려요

서류가 우거진 빌딩의 하루살이 전쟁들
너무 걱정하진 마
그냥 일상인 걸
누군가 누구에게 누구의 목을 조르고,

해고의 의도와 목적 따윈
아무 관심 없어요

주인 잃은 사무실 책상 위
결재서류 더미에서 즉결처분된 울음들

희열이 죽음이고

죽음이 희열일 수 있거든요

저 건너 도심의 고층 빌딩을 보세요
창문과 창문 사이로
퇴직의 부고가 흘러내려요

죽어가는 것들 속에서
갈 곳 잃은 내일이
갈 곳 없는 나를,

감싸요

해설

서정의 회복을 향한 거대한 항해

이병철(시인, 문학평론가)

1. 불구적 서정이라는 역설에 대해

전통적으로 문학에서 서정의 원리는 주체와 세계 사이 조화로운 동일성에 있다. 시인의 자아와 주관적 경험이 대상과 상응하면서 충만한 자기동일화를 이루는 이 과정은 시인들로 하여금 서정을 미학적 전략 이상의 정신적 수양으로까지 여기도록 해 왔다. 이러한 서정의 관습이 아직도 남아 있어서 대중들에게 시인은 때때로 선인仙人처럼 비춰지기도 하고, 더러 선인을 자처하는 시인들의 시는 불가의 선문답처럼 추상적이고 관념적인 우주 자연을 노래하며 구체적 현실 바깥에다 뜬구름 같은 물아일체物我一體의 집을 짓기도 한다.

김우의 시를 미학적으로 규정하자면 모더니즘보다는 서정시다. 젊은 감각의 시어와 실험적 화법을 적극적으로 활용하고 있는 만큼 시인 본인은 서정으로의 편입에 동의하지 않을 수도 있겠으나 외부 세계의 구체적 풍경과 고유명의 타자를 재현하는 서정적 미메시스는 김우 시의 확고한 구성 원리다. 그런데 독특한 것은 서정의 구성 원리를 따르면서도 문장과 행간에 내재된 날카로운 응시의 힘은 주체와 대상 사이의 화해가 아닌 불화와 균열, 갈등의 양상을 향해 있다는 점이다. 동일성의 순조로운 흐름보다 반동일성의 격류와 역류, 탁류에 몸을 던지고 있는 그의 시 세계를 혹자는 반서정이라고 부를 지도 모르겠다. 하지만 "우연하고 일시적인 것에서 미학성을 발견하는 정신"이 근대성임을 강조한 보들레르를 인용할 때 우리는 낭만적 자연이 철거된 폐허 위에 건설된 도시라는 작위적 세계의 반영과 재현에서부터 모던한 서정 혹은 반동일성의 서정이라는 역설적 수사를 떠올리게 된다.

1920년대 정지용이 서양 미술의 인상주의와 영미 문학의 이미지즘 등 모더니즘 기법으로 조국 상실의 슬픔과 우리 고유의 향토적 정서를 노래했다면 2020년대 김우는 세련된 시어와 전통 서정의 문법을 씨줄과 날줄로 엮어 도시 문명의 잔혹한 폭력성과 인간 소외의 양상을 시적 이미지로 직조해낸다. 그 과정에서 주체와 세계 사이에는 자본, 탐욕, 죽음, 기계, 질병, 사고 등 끔찍한 불협화음이 끊임없이 끼어든다. 갈등과 대립, 균열 속에서 더 이상 세계와 동일성을 이룰 수 없는 주체는 자본주의가 배태하는 착취와 소외, 인간 경험의 축소로 인해 불구적 존재가 된다.

도시의 아침은 활기차고, 밤이면 불빛들이 화려한 스카이라인을 빚어낸다. 자본으로 공동화된 개개인의 꿈들이 다채로운 상품들로 집적된 도시는 마치 거대한 백화점 같다. 따스한 불빛과 향기로 채워진 이곳은 무균 상태의 쾌적한 유토피아처럼 보인다. 하지만 시인은 인공적 아름다움과 화학물질로 만들어낸 향기가 은폐하고 있는 디스토피아를 숨 쉰다. 도시문명이 밟고 서 있는 땅 밑 죽음과 절망의 폐허를 온몸으로 감각한다. 그 자신이 망가진 세계이자 폐허가 되어 고통스런 절규와 신음을 대언한다.

바람이 할퀸 상처로 바다의 표피가 따끔거려요. 달빛을 녹여 상처에 바르면 비로소 물때가 시작되죠. 움푹하고도 으슥한 곳에 미끼를 드리워야 유혹이 몰려들어요. 거짓으로 가득한 캄캄한 물속. 사탕발림에는 적색신호가 없어요.

겉이 화려할수록 절망은 깊은 맛을 내죠. 괜찮아요. 경계심은 망가졌고 죄책감은 편의점에서 팔지 않아요. 전화벨 소리가 어둠을 들추고 비상을 시작해요. 벼랑 끝으로 내몰린 막다른 출구의 끝. 막무가내로 입질이 들어와요.

송곳처럼 찌가 솟아오르고 유서가 날아다녀요.

반사적으로 후려치는 챔질. 핑~ 피이잉. 누군가의 내일을 찢는 피아노 소리. 수화기 너머 다급함이 귓볼을 찔러요. 속아서 무너지는 만큼 속이는 쾌감은 커지는 법이죠. 소리로만 살아가는 수화기 벌레들. 눈동자를 직접 본 사람은 어디에도 없어요. 사람은 믿고 살아야 한다는 신념이 무너지는 건, 미끼를 탐하는 시간보다 짧다고 멸치 떼들이수군거려요.

아침마다 사체가 뉴스로 떠오르고 밤하늘 저쪽 물고기좌가 붉게 염색돼요. 수화기 너머의 죽음은 아랑곳하지 않아요. 죽음의 개수도 관심 없어요. 아무 일도 없었던 것처럼 더 진화된 방식으로 해외발 최신식 전화기가 다음 입질을 기다려요.

―「절망의 손맛」 부분

"겉이 화려할수록 절망은 깊은 맛을 내"는 도시에서 자본의 화려한 빛에 속하지 못한 이들은 어두운 "벼랑 끝으로 내몰린"다. 그들은 "유서가 날아다"니고 "내일을 찢는 피아노줄 우는 소리"만이 들려오는 "막다른 출구의 끝"에서 "무너지"고 "망가져"간다. 주체와 세계 사이의 이 비극적 반동일성은 "아침마다 사체가 뉴스로 떠오르"는 죽음의 일상화를 통해 전경화된다. 김우가 감각하는 망가진 세계에는 "뒷산의 새소리와 솔잎을 흔들던 바람도 방전된 지 오래"(「대식가, 파밧」)고, "썩은 냄새 진득"(「내림수위 조문」)하다. "도심 빌딩들 사이"(「열대야」) "동사凍死의 공포에 떨었던 허름한 연립주택"(「오늘이 바람처럼」)에서 "푸른 생애가/ 검은 사체가,/ 부유물로 떠다니"(「푸른 실루엣의 생애」)는 그곳은 "실업률 3.7%, 고용률 62.1%, 자살사망자 1만 2,906명. OECD 국가 중 불행한 나라"(「궁금한 이사」)다.

> 자살과 타살, 그리고 사고사의 깊이를 더듬는 탐문 속
> 푸른 생애의 마지막 실루엣이
> 밤하늘 저쪽
> 씰룩거리는 장면으로 목격됐다
>
> 푸른 생애가 사라진 날
> 풍문마저 소멸된 주인 잃은 그물이
> 마지막 수색을 끌고 바다를 더듬는다
>
> 그해 여름
> 바다의 유희를 미행했던 피서객이 흘리고 간 유랑들
> 밀어의 속살이 버려진 종량제 봉투 속
> 누구라는 이름 없는
> 생애
> 하나 또 하나
>
> —「푸른 실루엣의 생애」 부분

특수청소업체 직원에 따르면 고독사 현장의 시신 대부분이 2030 사회초년생과 취업준비생들이라고 한다. 발버둥 쳐도 나아지리라는 희망이 없기에, 노력해서 스펙을 쌓아도 미래를 꿈꿀 수가 없기에 스스로 생을 저버린 것이다. "시

체 치워주셔서 고맙습니다"라는 유서를 남기고 죽은 한 청년은 수개월 만에 수습됐는데, 부패한 변사자의 경우 '일반쓰레기'로 분류되어 쓰레기봉투에 담겨 폐기된다고 한다. 자신이 일반쓰레기로 버려질 것이라고 생각하는 사람은 없다. 한국은 분리수거에 철저한 나라일까. "자살과 타살, 그리고 사고사"(「푸른 실루엣의 생애」)가 매일 같이 배달되는 이 낯설고 섬뜩한 세계는 기어이 주체를 죽음의 질서에 적응시키고 만다.

공개처형 관람에 익숙해진 고대 원형극장의 군중들처럼 "수화기 너머의 죽음은 아랑곳하지 않"고 "죽음의 개수도 관심 없"으며 "아무 일도 없었던 것처럼"(「절망의 손맛」) 살아가는 이들은 죽음이 일상화된 지옥도地獄道의 현실에 순응한다. 그렇게 망가진 주체가 망가진 세계와 동일성을 이룰 때 김우의 시는 아름다운 조화, 건강한 화해의 서정이 아닌 쌍두사와 같은 끔찍한 합일, 강제적이며 불구적인 순치의 서정이 된다.

2. 구체적 보편성의 폭력을 통시하다

- 어디서 저런 걸 델꾸 와가지고 이 고생이야. 무슨 말을 해도 말귀를 잘 알아듣기를 해. 그렇다고 음식이라도 잘 만들면 다행이지. 그나마 애 잘 낳는 거 아니면 어디 쓸 데가 있어야지

어머니는 오늘도 뚜엔에게 잔소리를 해댄다. 그렇게 욕을 먹어도 심성은 늘 한결같다. 농사일에, 집안일에, 시어머니 봉양까지 아직까지 화를 내거나 큰 소리 한 번 치지도 않았다.

어느덧 큰애가 초등학교에 입학했고, 그 사이 뚜엔의 한국말도 많이 늘었다.

얼마 전 큰애의 학교에서 부모님 모셔오라고 했다. 그런데 큰애가 꼭 아빠와 같이 가겠다고 주장했다. 엄마가 베트남 사람이라 친구들이 놀린다고 덧붙이면서……

그날 난 큰 애를 심하게 나무랐고 싸움을 말린 건 뚜엔이었다. 아이 입장에서 그럴 수도 있단다. 자긴 아무래도 괜찮다며 며칠 밥을 굶어가며 나에게 시위를 했다.

- 만약 현실에 굴복하여 각자의 맛을 잃는다면, 더 이상 한데 섞어 비빌 이유가 없겠죠. 다양한 재료가 섞여 비벼질 때 더 차별화된 상위의 맛을 내는 게 한국의 비빔밥이에요.

요리 학원에서 강사의 낭랑한 목소리가, 이제는 익숙해진 은수의 한국 생활 위로 침착하게 가라앉는다.

은수는 남편과 아이의 저녁을 위해 비빔밥 만들 나물을 다듬고 있다. 언젠가부터 숙주 호박 당근 버섯 고사리에 모닝글로리**를 섞는다. 아이들과 남편은 비빔밥에 들어간 모닝글로리가 제일 맛있다며 식탁 위로 웃음꽃을 날린다.

—「믹스드」 부분

자본 도시에서 패배와 절망, "잠, 무서운 잠"(이성부, 「광주」)에 길들여진 주체는 개별적 고유성을 상실한 채 철저히 사물화된다. 김우의 시에는 "아무개 씨 실종이나 무명의 죽음들"(「궁금한 이사」)로 대표되는 소외된 주체, 상실된 주체, 기계 소모품이나 현수막의 배경천처럼 사물화된 주체가 등장한다. 그들은 고유명 대신 "602호"나 "509호"(「명품 애벌레의 수양법」)로 살아간다.

사이먼 앤 가펑클의 1968년 노래 'America'는 가난한 청춘남녀가 희망을 찾아 미시간주 새기노에서 뉴욕까지 가는 여정을 그리고 있다. 새기노에서부터 나흘간 히치하이킹을 해 피츠버그에 도착한 이들은 마침내 뉴저지로 가는 그레이하운드 버스에 탑승한다. '폴'이 '캐시'에게 말한다. "미시간은 내게 이제 꿈만 같다"고. 고향에서 산 날들이 한낱 춘몽으로 여겨질 만큼 '뉴욕'으로 상징되는 '아메리칸 드림'은 화려하고 가슴 벅차다. "We walked off to look for America." 그렇게 그들은 '미국'을 찾아 떠났다.

심야버스에서 연인은 쿠키를 나눠 먹고, 마지막 한 개비 남은 담배를 아껴 피우며 시시콜콜한 농담을 주고받는다. 달은 광활한 들판 위로 떠오르고, 쪽잠에서 깬 폴이 눈을 비비며 창밖의 빛 무더기를 본다. 믿을 수 없는 광경이다. 달빛보다 더 환한 빛이 천지사방을 대낮처럼 밝히고 있다. 뉴저지 톨게이트로 들어서려는 수천수만의 자동차들을 보자

폴은 기가 죽어 "나는 길을 잃었어" 중얼거린다. 캐시가 잠들었다는 걸 알면서도 캐시에게 "공허하고 아픈데 이유를 모르겠어"라고 말한다. 창밖의 수많은 차들, 차들보다 더 많은 사람들이 전부 '미국'을 찾으러 왔다. 뉴욕에만 가면 성공할 줄 알았던 새기노 뜨내기는 자본도시의 무한경쟁과 비정한 각자도생을 겪기도 전에 이미 절망하며 고개를 떨군다.

헤겔은 보편적인 것이 개인과 관계 맺는 구체적 방식을 '구체적 보편성'이라고 명명했다. 국가나 사회 등 보편적 개념이 '미국'이나 '한국사회' 같은 특수성으로 전환돼 '나'에게 받아들여지는 저마다의 맥락을 의미하지만, 보다 깊은 층위에서는 개인의 특수성이 한 국가, 사회, 문화의 특수성 안에서 제대로 실현되지 못하고 좌절을 겪게 될 때 평범함, 즉 보편성으로 전락하는 실패의 원리를 말하기도 한다.

위 시에서 '뚜엔'은 한국 남성과 국제결혼한 베트남 여성이다. 말이 국제결혼이지 사실 돈에 팔려온 것이나 마찬가지다. 부부의 연을 맺고 가정을 꾸리는 인륜지대사人倫之大事마저 재화의 영역에 포함돼 물질적 거래로 이루어지는 것이 바로 자본 사회의 비정한 구동 원리다. '코리안 드림'이라는 상품의 포장지를 벗겨 보면 그 안엔 "농사일에, 집안일에, 시어머니 봉양까지" 담겨 있다. "애 잘 낳는 거 아니면 어디 쓸 데가" 없는 뚜엔은 가축처럼 취급되며 자신의 정체성인 '뚜엔'을 잃고 '은수'로 살아간다. 그녀는 남편과 아이들이 먹을 비빔밥에 베트남 채소인 모닝글로리를 넣는 소극적 행위로

최소한의 자기주체성과 베트남인의 정체성을 지키려고 하지만 "한국의 비빔밥"은 고추장과 참기름으로 재료들의 맛을 통합해버린다. "다양한 재료가 섞여 비벼질 때 더 차별화된 상위의 맛"을 내는 비빔밥은 효율적 노동생산성을 위한 자본화된 전체주의의 은유이며, 획일화의 폭력이 되어 뚜엔을 은수로, 모닝글로리를 대수롭지 않은 나물로 전락시키는 구체적 보편성을 강요한다.

이 강제적 동일성은 결코 서정이 될 수 없다. 반동일성의 서정, 강제적이며 불구적인 합일의 서정은 결국 죽음만을 잉태한다. 진정한 서정은 생명의 방법론으로써 치유, 희망, 교류와 연대의 감각, 그리고 사랑을 완성하는 법이다. 김우는 "고향마을 어귀에 다시 서정이 피어날까요?"(「붉은 서정」)를 물으며 진정한 서정의 회복을 꿈꾼다. 그리고 그 구체적 실현으로 진부하고 순진한, 그래서 더없이 아름다운 미메시스를 시도한다. 미메시스는 자연을 재현하는 예술 창작의 근원적 원리다. 즉 김우는 미메시스의 시도를 통해 전통적이고 낭만적인 서정과 자연의 회복을 함께 도모하는 것이다.

3. 어긋난 것들을 제자리로 돌려놓는 소급성

동일성의 서정을 회복하기 위해 김우가 소환하려는 자연은 "순천만 갯벌의 내장 더 깊은 곳"(「갯그령」)이나 "손죽열도의 작은 애기섬 끝 수평선"(「어부의 비늘」) 같이 분명한 공간적 차원을 지닌다. 그런데 서정은 주체와 세계의 공간적 동일성인 동시에 시간적 동일성이기도 해서, 서정을 완성하려면 주체는 시간과도 화해해야만 한다. 김우는 자연과의 조우에 앞서 우선 시간과의 대화를 시도한다.

2016년 방영된 드라마 〈시그널〉의 주제는 "과거가 바뀌면 미래도 바뀐다"이다. 미래에서부터 과거로 온 신비한 무전을 받은 형사 '재한'이 미래의 프로파일러 '해영'에게 얻은 정보로 과거의 미제 사건들을 해결하자 억울한 희생자가 되살아나고 유족들의 악몽 같던 날들이 평화로운 일상으로 바뀐다. 한편 디즈니 애니메이션 영화 〈겨울왕국 2〉에서는 아렌델 왕국에 갑자기 재앙이 찾아온다. 지혜로운 '트롤'족의 장로인 패비 할아버지는 주인공 엘사에게 "무언가 밝혀야 할 숨겨진 진실이 있다. 그것을 밝혀내지 않으면 아렌델의 미래가 보이지 않는다"고 예언한다. 엘사는 아렌델에 닥친 위기를 해결하기 위해 '마법의 숲'으로 간다. 온갖 난관들을 통과한 후 마침내 찾아낸 진실은 과거 아렌델 왕국이 이웃 소수민족인 '노덜드라' 부족을 침공했다는 사실이었다. 그 사실이 오랜 세월 동안 정반대의 양상으로 왜곡되어 있었기 때문에 상응과 순환의 우주에 불협화음이 발생, 아렌델에 재앙이 온 것이었다. 과거사를 바로잡고, 노덜드라 부족에게 진심 어린 사과와 함께 상생을 약속하고 또 실천한 순간, 아렌델을 뒤덮던 어둠이 사라지고 찬란한 평화가 회복된다.

초록이 번진 캠퍼스가 까치발로 들썩인다

그늘이 쓰러지는 나무 벤치 위
함성으로 지켜낸 그날이 은박지처럼 눈부시다

가시 돋은 운동화가 모여 밤송이처럼 곤두섰던,
피멍 든 계절은 강의실 밖으로 떠돌았다
손수건으로 얼굴을 가린 교문은 기침으로 쿨럭였고
도로마다 길게 늘어선 단단한 결심들,
도청 건너 저쪽으로 행진했다

신록의 그늘에 밤꽃 가루 알알이 덮이면
충혈된 눈물을 열고 누군가 내게 말을 건다
당신은, 어디서 푸줏간 냄새가 난다 했고
나는
밤나무 가지에 파편처럼 그날이 비릿하게 박혀 있다 했다

물대포에 익사한 외마디 비명들
고막이 터질 듯
목마름을 외쳐대던 초상이 이명으로 흩어진다

날카로운 오월의 손톱에 찢긴
비린내 절여진 좌절과 그렇다고 멈출 수 없는 노래들,
바람도 직진하는 습관을 멈추고
잠시 유빙처럼 굳는다

해마다 다시 오는 학교 벤치 앞
시간을 길게 베고 누운 밤나무 한 그루,

지금도
비린내 나는
생생한 풍경 혹은 소리

—「시간을 베고 눕다」 전문

어제를 바로잡으면 잘못 방치된 어제로부터 비롯된 오늘의 온갖 부조리가 사라지고, 내일의 희망이 움트기 시작한다. 김우는 미얀마 강제동원 위안부의 "선명한 염증과 진한 고름들"(「흰의 저쪽, 스펑의 뿌리는 질기고」), 민주화 운동의 "최루탄"과 "서늘한 유치장 바닥"(「기와의 기억」), "서망항 방파제"에 선명한 세월호의 기억(「상처, 後—서망항 방파제에 누워」), "푸른 제복이 감시하는" 삼청교육대(「여백의 무게」), "마닐라만 공습에 순결이 부러진 맨발"(「태평양의 여름을 수선하다」) 등 일본 군국주의, 이데올로기 대립, 정치적 당파성, 군부독재 등에 의해 발생한 비극들의 진실이 여전히 왜곡 및 호도되고 있는 것을 바로잡고자 한다. 소급성의 원리를 통해 잘못된 인과를 제자리로 돌려놓고, 합당한 애도와 추모, 의미화를 실현하고자 한다. 이제는 과거처럼 야음을 틈타 밀실에서 대중을 현혹하고 억압하지 않는다. 백주대낮에 대놓고 조작하고 왜곡하며 또 겁박하고 짓밟는다. 환한 빛 속에서 팔으로 메주를 쑨다. 여전히 정치적 쟁점인 과거사의 비극들, 오늘날도 되풀이되는 대형 참사와 사회적 죽음들은 모두 진실과 인과가 왜곡되어 생긴 재앙들이다.

위 시에서 시인은 1980년 5월 광주를 호명한다. 한국 근현대사에서 당파 정치의 이념 대립에 가장 빈번하게 소환되며 왜곡, 날조, 폄훼되어온 사건이 바로 5.18이다. 시인은 "지금도 비린내 나는/ 생생한 풍경 혹은 소리"를 절규에 가까운 시어로 재현하면서 "시간을 베고 눕"는다. 그날을 향해 직접 걸어가고 또 그날의 비극적 시간을 제 몸속으로 불러들인다. 시대의 고통은 곧 시인을 비롯한 우리 모두의 고통이므로, 44년이 지났지만 여전히 "밤나무 가지에 파편처럼 그날이 비릿하게 박혀 있"는 한 그의 시는 "멈출 수 없는 노래"가 될 수밖에 없다.

4. 자연 미메시스를 통한 전통적 서정의 복원

시간과의 대화를 마친 김우는 이제 도시 속에서 자연을 희구하는 주체를 통해 인간과 세계 사이 불협화음을 협화음으로 되돌리려는 의지를 발화한다. "수양버들처럼 우거진 빌딩 숲에서 바다에 튕겨 버린 담배꽁초처럼 떠다"니는 사내는 "오래된 액자처럼 서쪽에 걸려 있는 청동빛 새떼들, 홍건한 머릿수건"(「에칭—돌산도」)을 꿈꾸고, "비상하는 이자율"을 따라 "베란다 난간에는 근심이 매달려"도 "초록의 심장"(「오늘이 바람처럼」)을 희망한다. 그는 고독이 비집고 들 틈, 차마 없는 도시의 온갖 과잉 속에서도 "안방을 기웃대는 구부정한 달빛"(「고독 대 고독」)을 향해 기울어지는 고요한 미메시스를 포기하지 않는다. 죽음의 절규와 절망 섞인 한숨소리만 들려오는 도시에서 시인은 오래전 자연의 소리를 기억해내며 자기내면에, 그리고 소외되고 잊혀진 것들에 귀 기울이는 평화로운 고독을 회복하는 것이다.

> 철제로 만든 가속도에 하반신이 실종된 그 날 이후
> 부서진 관절이 공중에서 출렁대요
> 음이 흩어진 비명을 설득해서 캔버스에 바르는 건 어때요?
> 기우뚱한 다리에 걸린 수평이 맞지 않는 얼굴들,
> 검정 물감으로 덧씌워진 자화상이에요
>
> 나비의 다리를 보셨나요
> 아니 내 다리는,
>
> 괜찮아요 하얀 도화지가 날개로 펄럭이잖아요
> 부러진 다리는 다시 피는 노란 꽃,
> 오세요 나비를 타고
> 아니 나의 불완전한 이젤을 타고
>
> 다 쓴 물감 튜브처럼 더는 눈물이 짜지지 않을 때
> 허공의 캔버스에 나를 그려요

무채색 슬픔 대신 유채색 웃음을 덧발라요
불편한 이젤을 딛고 비상하는 서툰 몸짓들
대숲에 버린 고장 난 무릎을 찾았어요
런웨이 워킹의 화려함보다 색색의 춤사위 뛰노는

캔버스, 다시 날갯짓하는 나비

—「천국의 나비 in 캔버스」 부분

위 시는 대학에서 무용을 전공한 무용수였지만 교통사고로 중증 장애인이 된 후 그림 임상치료사로 전향한 김형희 씨의 사연을 재현한 것이다. "철제로 만든 가속도에 하반신이 실종된 그 날 이후/ 부서진 관절이 공중에서 출렁대"는 비극을 겪은 화자는 "나비의 다리"를 그리면서 "무채색 슬픔 대신 유채색 웃음을 덧"바른다. 그리고 마침내 "하얀 도화지가 날개로 펄럭이"는 미메시스를 통해 "부러진 다리는 다시 피는 노란 꽃"이 되는 치유와 회복을 완성한다. 도시의 미친 속도에 치여 다리를 잃었지만 그녀는 좌절하지 않고 현대사회의 무채색 우울과 권태에 지워져가는 이들에게 "유채색 웃음"을 선물하며 그들의 고유한 "색색의 춤사위"를 되살아나게 한 것이다.

『야생의 위로』를 쓴 에마 미첼에 따르면 자연경관을 보는 것만으로도 스트레스나 정신적 피로의 해소가 촉진되며 질병에서 회복되는 속도도 빨라진다고 한다. 그녀는 책에서 "자연을 치료 약 삼은 한 해의 경험은 나에게 인간이 온전하려면 자연 풍경 속에 있어야 한다는 확신을 주었다. 태초부터 인간과 땅 사이에는 강력한 유대가 있었다. 우리는 야생의 장소에서 살아가도록 진화했다. 현대를 살아가는 사람들의 정신 건강에 문제가 생기는 것은 자연과의 단절 때문일지도 모른다"고 했다.

김우는 인간과 땅 사이의 강력한 유대를 회복하기 위해 자연과의 동화를 시도한다. 그 시도는 낚시라는 행위를 통해 구체화된다. 시집에는 낚시를 소재로 한 시들이 몇 편 눈에 띈다. "날씨 좋으면 바다로 낚시를 가"(「스캔, 일가의 내력」)는 사내는 바로 시인 그 자신이다. 그가 "오짜 감생이의 은신처인 수중여의 심장을 해부"(「한 판 승부」)할 때 주체는 수렵 본능을 기억해내며 자연과 동화되고 마침내 원시성을 회복한다. 도시의 일상은 늘 예측이 가능하고 반복적이라 권태롭지만 야생의 세계는 언제나 예측불가능하기에 역동적이다. 저 깊은 물속에 무엇이 있는지 모르면서 낚싯줄에 온몸의 떨림을 실어 보내는 낚시는 인간과 자연 사이에 산업과 자본 등 인위를 제거하고, 펄떡이는 목숨과 목숨이 맨살로 맞부딪게 하는 행위다.

동쪽 하늘이 출렁거리면 각설탕 같은 별들이 바다로 쏟아져요. 별이 떠난 밤하늘이 어둠에 잠기며 서서히 물길이 열려요. 오래전 부드러운 전설을 노래하던 그리움이 귀로의 이정표가 되죠. 그거 아니? 출렁이는 허공을 수제비처럼 얇게 펴면 귀가 된대. 해적선이야! 소리를 지르며 첨벙- 귀청 속으로 뛰어들어요. 물구나무 서는 귓불의 그림자 뒤로 청각 잃은 암벽이 서 있어요.

바위를 두드리면 틈새로 내미는 얼굴들. 낯익은 목소리가 귀지를 타고 뛰어내려요. 오우 저거 보세요. 고래 등에 올라탄 소녀가 로데오를 즐겨요. 해초처럼 하늘거리는 올리브나무를 한입 베어 물죠. 지난밤 추락한 해안선이 입안에서 녹고 있어요. 흐르는 시간의 난간 아래 언어의 촉수를 꽂아요. 구름들이 범선으로 변하며 거대한 항해를 시작하죠. 블랙카펫을 따라 호랑이 멧돼지 노루가 화동처럼 별을 뿌려요. 이제 밤바다에 등대불이 반짝일 거예요. 고래가 고향으로 돌아가는 길.

고래의 영혼까지 담아낸 기하학은 존재하지 않아요. 귀향을 인도하는 외로운 등대불만 블랙카펫에 흐르는걸요. 희미해진 그림자 뒤로 숨어있는 사냥의 파수꾼들. 탐욕에 가려 어둑해진 물길에 길을 잃고 헤매던 고래가 하늘을 향해 배를 열었어요. 포경선이 축포를 쏘아 올려요. 사각사각, 바다를 부위별로 해부하며 귀향의 본능까지 발라내요.

언젠가부터 돌아오지 않는 고래들. 밤하늘에 비와 바람이 오갈 데 없이 걸려 있어요. 어쩌다 폭우가 쏟아지면 물 밑으로 잠영하는 바위 고래들. 잃어버린 등대를 찾아 일만 년의 속도로 유영을 시작해요.

—「블랙 카펫을 따라」 전문

낚시가 예측불가능한 야생을 향한 육체적 모험이라면 시 쓰기는 실재계의 불가능성을 향한 정신적 여행일 것이다. 물속을 좋아하는 시인은 마침내 시적 몽상 속에서 바다보다 더 깊은 상징과 무의식의 세계로 잠영해 들어간다. "동쪽 하늘이 출렁거리면 각설탕 같은 별들이 바다로 쏟아지"는 이미지는 낭만적 미메시스다. "흐르는 시간의 난간 아래 헤엄치는 언어에 촉수를 꽂"은 시인은 "나뭇잎으로 몸을 가린 소녀"를 뮤즈로 맞이한다. 도시의 반동일성이 아닌 자연의 동일성을 향한 그리움을 "귀로의 이정표"로 삼자 자유로운 몽상과 기의로 충만한 시니피에의 세계가 복원되고, 뮤즈를 따라 "고래가 지나는 길"에 들어선 순간 "구름들이 범선으로 변하며" "블랙카펫을 따라 호랑이 멧돼지 노루가 화동처럼 별을 뿌리"는 활달한 상상력이 생동한다. 비록 충만하던 시니피에는 불완전한 언어에 의해 "언젠가부터 돌아오지 않는 고래들, 밤하늘에 비와 바람이 오갈 데 없이 걸려 있"는 초라한 시니피앙으로 추락하고 말지만, 다시금 "잃어버린 소녀를 찾아 일만 년의 속도로 유영을 시작"하는 시인의 도전은 우리 모두를 동일성의 세계로 데리고 가는 "거대한 항해"가 될 것이다. 나는 그 항해에 기꺼이 탑승하고 싶다.

김우
2022년 『시와 산문』으로 등단.
성균관대학교 경영학과 졸업.
삼성전자 기획관리본부 관리팀 사원, 삼성전자 한국총괄 TV사업 담당 상무이사, 삼성물산 패션부문 영업본부장, 삼성전자 판매 리테일혁신 담당 전무이사, 자문역 부사장 역임.
저서 (성공·처세 자기계발서) 『영업의 품격』, 『혁신의 품격』.
여수 해양문학상, 금샘문학상 수상.

서정시학 시인선 218
치킨과 악마

2024년 7월 17일 초판 1쇄 발행

지 은 이 · 김우
펴 낸 이 · 최단아
편집교정 · 정우진
펴 낸 곳 · 도서출판 서정시학
인 쇄 소 · ㈜ 상지사
주 소 · 서울시 서초구 서초중앙로 18, 504호 (서초쌍용플래티넘)
전 화 · 02-928-7016
팩 스 · 02-922-7017
이 메 일 · lyricpoetics@gmail.com
출판등록 · 209-91-66271

ISBN 979-11-92580-39-5 03810

계좌번호: 국민 070101-04-072847 최단아(서정시학)
값 14,000원

* 잘못된 책은 바꾸어 드립니다.

서정시학 시인선

001 드므에 담긴 삽　강은교, 최동호

002 문열어라 하늘아　오세영

003 허무집　강은교

004 니르바나의 바다　박희진

005 뱀 잡는 여자　한혜영

006 새로운 취미　김종미

007 그림자들　김 참

008 공장은 안녕하다　표성배

009 어두워질 때까지　한미성

010 눈사람이 눈사람이 되는 동안　이태선

011 차가운 식사　박홍점

012 생일 꽃바구니　휘 민

013 노을이 흐르는 강　조은길

014 소금창고에서 날아가는 노고지리　이건청

015 근황　조항록

016 오늘부터의 숲　노춘기

017 끝이 없는 길　주종환

018 비밀요원　이성렬

019 웃는 나무　신미균

020 그녀들 비탈에 서다　이기와

021 청어의 저녁　김윤식

022 주먹이 운다　박순원

023 휼소리 여행　김길나

024 오래된 책　허현숙

025 별의 방목　한기팔

026 사람과 함께 이 길을 걸었네　이기철

027 모란으로 가는 길　성선경

029 동백, 몸이 열릴 때　장창영

030 불꽃 비단벌레　최동호

031 우리시대 51인의 젊은 시인들 김경주 외 50인

032 문턱　김혜영

033 명자꽃　홍성란

034 아주 잠깐　신덕룡

035 거북이와 산다　오문강

036 올레 끝　나기철

037 흐르는 말　임승빈

038 위대한 표본책　이승주

039 시인들 나라　나태주

040 노랑꼬리 연　황학주

041 메아리 학교　김만수

042 천상의 바람, 지상의 길　이승하

043 구름 사육사　이원도

044 노천 탁자의 기억　신원철

045 칸나의 저녁　손순미

046 악어야 저녁 먹으러 가자　배성희

047 물소리 천사 김성춘
048 물의 낯에 지문을 새기다 박완호
049 그리움 위하여 정삼조
050 샤또마고를 마시는 저녁 황명강
051 물어뜯을 수도 없는 숨소리 황봉구
052 듣고 싶었던 말 안경라
053 진경산수 성선경
054 등불소리 이채강
055 우리시대 젊은 시인들과 김달진문학상 이근화 외
056 햇살 마름질 김선호
057 모래알로 울다 서상만
058 고전적인 저녁 이지담
059 더 없이 평화로운 한때 신승철
060 봉평장날 이영춘
061 하늘사다리 안현심
062 유씨 목공소 권성훈
063 굴참나무 숲에서 이건청
064 마침표의 침묵 김완성
065 그 소식 홍윤숙
066 허공에 줄을 긋다 양균원
067 수지도를 읽다 김용권
068 케냐의 장미 한영수
069 하늘 불탱 최명길
070 파란 돛 장석남 외
071 숟가락 사원 김영식
072 행성의 아이들 김추인
073 낙동강 시집 이달희
074 오후의 지퍼들 배옥주
075 바다빛에 물들기 천향미
076 사랑하는 나그네 당신 한승원
077 나무수도원에서 한광구
078 순비기꽃 한기팔
079 벚나무 아래, 키스자국 조창환
080 사랑의 샘 박송희
081 술병들의 묘지 고명자
082 악, 꽁치 비린내 심성술
083 별박이자나방 문효치
084 부메랑 박태현
085 서울엔 별이 땅에서 뜬다 이대의
086 소리의 그물 박종해
087 바다로 간 진흙소 박호영
088 레이스 짜는 여자 서대선
089 누군가 잡았지 옷깃 김정인
090 선인장 화분 속의 사랑 정주연
091 꽃들의 화장 시간 이기철
092 노래하는 사막 홍은택
093 불의 설법 이승하
094 덤불 설계도 정정례

095 영통의 기쁨　박희진
096 슬픔이 움직인다　강호정
097 자줏빛 얼굴 한 쪽　황명자
098 노자의 무덤을 가다　이영춘
099 나는 말하지 않으리　조동숙
100 닥터 존슨　신원철
101 루루를 위한 세레나데　김용화
102 골목을 나는 나비　박덕규
103 꽃보다 잎으로 남아　이순희
104 천국의 계단　이준관
105 연꽃무덤　안현심
106 종소리 저편　윤석훈
107 칭다오 잔교 위　조승래
108 둥근 집　박태현
109 뿌리도 가끔 날고 싶다　박일만
110 돌과 나비　이자규
111 적빈赤貧의 방학　김종호
112 뜨거운 달　차한수
113 나의 해바라기가 가고 싶은 곳　정영선
114 하늘 우체국　김수복
115 저녁의 내부　이서린
116 나무는 숲이 되고 싶다　이향아
117 잎사귀 오도송　최명길
118 이별 연습하는 시간　한승원
119 숲길 지나 가을　임승천
120 제비꽃 꽃잎 속　김명리
121 말의 알　박복조
122 파도가 바다에게　민용태
123 지구의 살점이 보이는 거리　김유섭
124 잃어버린 골목길　김구슬
125 자물통 속의 눈　이지담
126 다트와 주사위　송민규
127 하얀 목소리　한승헌
128 온유　김성춘
129 파랑은 어디서 왔나　성선경
130 곡마단 뒷마당엔 말이 한 마리 있었네　이건청
131 넘나드는 사잇길에서　황봉구
132 이상하고 아름다운　강재남
133 밤하늘이 시를 쓰다　김수복
134 멀고 먼 길　김초혜
135 어제의 나는 내가 아니라고　백 현
136 이 순간을 감싸며　박태현
137 초록방정식　이희섭
138 뿌리에 관한 비망록　손종호
139 물속 도시　손지안
140 외로움이 아깝다　김금분
141 그림자 지우기　김만복
142 The 빨강　배옥주

143 아무것도 아닌, 모든 변희수
144 상강 아침 안현심
145 불빛으로 집을 짓다 전숙경
146 나무 아래 시인 최명길
147 토네이토 딸기 조연향
148 바닷가 오월 정하해
149 파랑을 입다 강지희
150 숨은 벽 방민호
151 관심 밖의 시간 강신형
152 하노이 고양이 유승영
153 산산수수화화초초 이기철
154 닭에게 세 번 절하다 이정희
155 슬픔을 이기는 방법 최해춘
156 플로리안 카페에서 쓴 편지 한이나
157 너무 아픈 것은 나를 외면한다 이상호
158 따뜻한 편지 이영춘
159 기울지 않는 길 장재선
160 동양하숙 신원철
161 나는 구부정한 숫자예요 노승은
162 벽이 내게 등을 내주었다 홍영숙
163 바다, 모른다고 한다 문 영
164 향기로운 네 얼굴 배종환
165 시 속의 애인 금동원
166 고독의 다른 말 홍우식
167 풀잎을 위한 노래 이수산
168 어리신 어머니 나태주
169 돌속의 울음 서영택
170 햇볕 좋다 권이영
171 사랑이 돌아오는 시간 문현미
172 파미르를 베고 누워 김일태
173 사랑혀유, 걍 김익두
174 있는 듯 없는 듯 박이도
175 너에게 잠을 부어주다 이지담
176 행마법 강세화
177 어느 봄바다 활동성 어류에 대한 보고서 조승래
178 터무니 유안진
179 길 위의 피아노 김성춘
180 이혼을 결심하는 저녁에는 정혜영
181 파도 땋는 아바이 박대성
182 고등어가 있는 풍경 한경용
183 0도의 사랑 김구슬
184 눈물을 조각하여 허공에 걸어 두다 신영조
185 미르테의 꽃, 슈만 이수영
186 망와의 귀면을 쓰고 오는 날들 이영란
187 속삭이는 바나나 지정애
188 더러, 사랑이기 전에 김판용
189 물빛 식탁 한이나

190 두 개의 거울 주한태
191 만나러 가는 길 김초혜
192 분꽃 상처 한 잎 장 욱
196 하얗게 말려 쓰는 슬픔 김선아
197 극락조를 기다리며 허창무
198 늙은 봄날 윤수천
199 뒤뚱거리는 마을 이은봉
200 신의 정원에서 박용재
201 바다로 날아간 나비 이병구
202 절벽 아래 파안대소 이병석
203 숨죽이며 기다리는 결정적 순간 박병원
204 왜왜 김상환
205 사랑의 시차 박일만
206 목숨 건 사랑이 불시착했다 안영희
207 달팽이 향수병 양해연
208 기억은 시리고 더듬거린다 김윤
209 빛으로 남은 줄 알겠지 이인평
210 시간의 길이 유자효
211 속삭임 오탁번
212 느닷없이 애플파이 김정인
213 탕탕 석연경
214 수평선은 물에 젖지 않는다 동시영
215 굿모닝, 삐에로 박종명
216 고요, 신화의 속살 같은 한승원
217 지구가 멈춘 순간 정우진